智元微库
OPEN MIND

成 长 也 是 一 种 美 好

特级教师教你如何陪"刺猬"度过关键一年

陪孩子走过初三这一年

方海东 著

人民邮电出版社

北京

图书在版编目（CIP）数据

陪孩子走过初三这一年 / 方海东著 . -- 北京 ：人民邮电出版社，2024. -- ISBN 978-7-115-64758-0

Ⅰ . G782

中国国家版本馆 CIP 数据核字第 2024GB6257 号

◆ 著　方海东
　　责任编辑　刘艳静
　　责任印制　周昇亮
◆ 人民邮电出版社出版发行　　　北京市丰台区成寿寺路 11 号
邮编 100164　　电子邮件 315@ptpress.com.cn
网址 https://www.ptpress.com.cn
天津千鹤文化传播有限公司印刷
◆ 开本：880×1230　1/32
印张：10　　　　　　　　　　2024 年 8 月第 1 版
字数：220 千字　　　　　　　2025 年 9 月天津第 3 次印刷

定　价：59.80 元

读者服务热线：（010）67630125　印装质量热线：（010）81055316
反盗版热线：（010）81055315

前言｜初三这一年

此刻，西西就坐在我对面做数学题。她从进家门就开始做一份模拟卷，全神贯注。她认真的样子，让我觉得心疼。我们心里都明白，完成这样的题目并没有多少作用。但是，现实逼迫着她做题提高所谓的能力。

现在，距离西西中考不到一年。虽然她是个大大咧咧的姑娘，但是身边环境带来的压力，让她也不得不重视起这场考试来。

2019 年，我在芬兰待了半个月，一节数学课让我的观念发生了转变。

那节课讲的是一元一次方程，上完课，一个班 16 个孩子有 11 个在做一元一次方程题目时出现了各种错误。听课的中国老师面带微笑，轻轻地说："这么低效的课堂教学，怪不得国外的基础教育那么差！"我反问了一句："那为什么人家的高等教育远远地跑在前头？难道就靠会做一元一次方程的 5 个孩子？"

其实，我关注到了他们的教学细节。如果某个孩子在学习中遇到了困难，老师和助教会出现在他身边，去关注他的情绪，了解他遇到的问题，引导他思考，唤醒他的信心，激励他的勇气。原来，人家把学习当作成长的载体，用学习去培养孩子的品质，教会孩子乐观、抵挡困难、面对挫折、享受过程。而我们的很多教育者则习惯于将学习作为目的，通过检测，看学生掌握了多少知识。

面对即将到来的中考，我没有勇气让西西甩开习题、试卷，我知道我无法对抗现实。

但是，我可以换一个角度面对现实。也许，我可以在她做题的过程中教会她更多内容。我可以通过做学习计划教会她规划生活；我可以通过鼓励她刷题教会她坚持；我可以在她做不出难题时教会她面对困难和接受失败；我可以在她实现目标时教会她追求卓越，提升自我，调整步骤；我可以在她不满意成绩时教会她面对生活的不如意，接受现实，学着改变和调整自己。也就是，现实不仅仅是现实，其背后还有原因和动机，我们往往只看表面的问题，而忘记了影响问题的因素和推动问题的动机，导致只是在表面上解决问题。

其实，我希望西西的成长是这样的：她可以在忙忙碌碌的学校生活中找到各种空隙，见缝插针，解决问题，完成学习任务；她可以在承担沉重的学习任务的同时，找到让自己快乐的事，在苦中也能作乐；她可以在竞争的压力中看见自己的不足和优势，然后找到正确的方式调整自己；她可以看见自己的优点，帮助同伴，和身边的人一起成长，收获快乐和友情；她可以在主动解决问题时，看见面对问题的价值，懂得勇敢地解决问题是一种真正的快乐！

初三毕业后，诗乔说过这么一段话："直到今天，我还是很感谢那段近乎黑色的日子。我有时候会喘不过气来，有时候会压力备增，有时候想哭却哭不出来。但是，现在我却充满感恩，正是在这样的日子里，我找到了努力的动力，黑色让我寻找光明，喘不过气让我用力呼吸，想哭让我懂得隐忍。于是，我长大了！"可能，每一个不曾起风的日子，只有自己起舞，才能看到美好的样子吧。

再过几天，西西就读初三了，初三是什么样的？我知道。西西不知道。我度过了 10 个初三，西西的人生中就 1 个，而且还没有到来。但是，我更加清楚，这个初三是一个独特的初三，是我陪着西西一起经历的初三。不管如何，我不想这段日子只有黑色和压力，我们将会携起手一起去面对，去经历风雨，去迎接彩虹。

　　　　　　　　　写于 2021 年 6 月，距离 2022 年中考 1 周年

自序 | 中考结束后看西西的转变

"我们想要一个什么样的西西？"这是我给西西的妈妈提出的问题，她陷入了沉思。

看她这么为难，我换了一个话题："说说看，你觉得这三年女儿最大的变化是什么？"

这下，她滔滔不绝了："一是有主见了；二是更加自信了；三是遇到大场面不怯场了；四是知道自己会有更好的表现了，她以前总是顺其自然，没什么自信；五是学习有规划了；六是以前遇到什么事她都想躲在后面，现在会主动去解决；七是会主动联系人，以前比较被动；八是坚韧，有坚持力了；九是对很多事情开始有了自己的想法；十是善良、孝顺，会照顾家人了；十一是这三年的学习很努力，有一颗积极向上的学习心；十二是自律；十三是三年来几乎不看电视、不玩手机，即使寒暑假也是如此；十四是老师交代的事情都做得很好；十五是总会主动找老师问问题；十六……"她根本停不下来。

"好啦好啦，想不到你真正看见了女儿的优点，是一个有眼光的妈妈。"我的表扬，让她有点儿不好意思。

"如果让我来说，初中阶段西西最成功的有十件事情，"我一边说，一边也学着她的样子掰着手指数数，"一是参加了在重庆举行的全国演讲比赛，并获得好评；二是连续三年每个学期都获得校级荣誉称号；三是获得了市级优秀学生的荣誉；四是体育中考经过训练获得满分；五是懂得做班级工作规划和学习计划；六是加入学生会，成为学生会干部；七是代表全校同学在教师节上台向老师们致辞；八是培养了坚持、努力、善良等优秀品质；九是每门学科都曾在班级考第一；十是做事情十分冷静；十一是养成了爱提问的好习惯；十二是把学习作为成长中重要的一部分；十三是和爸爸妈妈的关系越来越好；十四是理解父母，成了一个贴心的'小棉袄'；十五是主动管理班级事务；十六是坦诚面对成功和失败，从不逃避；十七是对使用手机的控制能力很强；十八是永远有一颗可爱的少女心；十九是房间整理得很好，还会体谅父母、做家务；二十是有多种多样的学习方法……"我的手指已经被我用了两遍了，我还想说下去。

　　"不是说十件事情吗？"西西的妈妈打断了我。

　　"啊？好像也是！"我如梦初醒。

　　身边的西西，早已经笑开了花。

　　"你看，这就是爸爸妈妈眼里的你，"我对在旁边"偷听"的西西说，"三年下来，我们看见一个不断成长的你，一个取得了各种成功的你！我更相信这些成长就是改变你未来的种子，将在你的心里发芽、开花、结果。"

　　西西听得很认真，面色平静，我能看出她内心的平和。

　　"其实，对于父母来说，关于孩子的成长需要思考一个核心问题——我想要一个什么样的孩子？刚才说的这些，是父母需要的。孩子取得高的分数不是父母的第一需求，那是父母为孩子考虑才要求孩子的。也就是说，当父母眼里只有孩子本身的时候，他们会综合考虑孩子的发展，反之则会有很多物化孩子的内容。"

"最后，总结一句话，这三年，我很满意！"

西西的妈妈跟着说："我也很满意！"

西西的眼神很亮，靠在我身上，说了一句："我也很满意！"

最好的成长不就是这样吗？父母和孩子双向奔赴，站在一起去面对星辰大海！

目录

陪孩子
走过初三这一年

第十章 5 月

积极阳光的状态

第十一章 6 月

这个月，我们在冲刺

第一章 | **8 月** |

凡事预则立，不预则废

SUN	MON	TUE	WED	THU	FRI	SAT
①	2	③	④	5	⑥	⑦
8	9	10	11	⑫	13	⑭
15	16	17	18	19	⑳	21
22	23	24	25	26	27	28
29	30	31				

目标和规划

陪伴孩子成长的关键从来不是家长说、孩子做。孩子是受教育的主体，同样也是一个独立的个体。我们的教育虽然大多数采用谈话的方式，但是一味地"家长说、老师说，孩子听"，孩子没有独立意见，不会走多远。

陪伴孩子的主要方式有：沟通、商量、判断和调整等。陪伴的核心要求是共识，就是双方要达成共识，才能确定方法。

达成共识后，需要完成四步：确定目标、确定方案、确定策略、确定方法。这是进入初三前的思想储备。确定目标是为初三的学习做方向定位，确定方案是做宏观规划，确定策略是做技术准备，确定方法是做行动认同。所以，进入初三前，无论是家长还是老师，都应该和孩子谈论好这些问题。

● 目标：我们该去哪里

和孩子的谈话不应正襟危坐地进行，正襟危坐地谈话带来的压迫感，往往会让人顺从双方中强者的意志。所以，不如在闲聊中，让孩子说出自己的想法，能引导的就引导，不能引导的就放一下，等下一次机会。

谈论目标并不容易，谈不好就谈空了。很多家长误以为亲子双方意见一致，那就是好，也不管是不是可以实现；若双方意见不同，就吵闹一番，最后不欢而散。

所以，谈目标需要掌握三个要素，分别是：目前基础、个人特点和心理基础。目前孩子的水平是什么样的，明确了这一点可以避免定目标时好高骛远；孩子的个人特点是张扬还是内敛，对结果的要求是不同的：张扬的易夸大，内敛的会过于小心，要把握好它们的"度"；这里所谈的心理基础，是指对目标的承受能力，在压力之下，良好的心理基础不仅成就目标，而且促进目标的达成。

西西是一个基础较好、学习规范、学习习惯优秀的孩子，从某个角度来说，她就是一个典型的好学生，上学期还被评为市级优秀学生。虽然我总是希望她调皮一点儿，甚至"坏"一点儿，但是她对规范比什么都重视。所以，这就决定了她的个人特点是低调内敛，甚至害羞，她不会凭空乱想。这就给目标的确定性带来了更多的保障。西西的心理承受能力中等，而且她习惯于独自承受，不会去寻找更多的发泄通道。所以，平时我常常帮助她在适当的时候释放压力。当然，这个过程也是她养成良好心理素质的过程。

关于目标的谈话，我想了一个下午才开始。

"西西，你说，还有一年你就要读高中了，我们是不是应该制定一个小目标，先在某个学校预定一个位置？"

"啊？哈哈哈……"她笑了。对这样"无厘头"的表达方式，她早就习惯了，但是仍没有太多应对方式。

"怎么样，有明确的目标吗？"

她眯着眼睛看我，不说话，微笑着。

"要不，'保二争一'？或者是直接'二'？"我的意思很明确，本地最好的两所高中，我想让她尽力争取，"你选择哪个呢？"

她还是笑着看我，我知道她有点儿吃不准自己的状态，但目标总是要定得高一点儿。

我准备在这个轻松的氛围中继续调侃，"要不，就直接选一好了，定目标哪有这么复杂呀！"

这下，她笑了，是眼里带着光的那种笑，她说："我就不告诉你！"一副不想和我讨论的样子。我知道她的意思，她是内敛的孩子，相对谨慎，我有义务保护好她的这一特点。

以她今天的状态，我们应该不适合继续谈下去了。如果她为了附和我，随意答应一个目标，就没什么意思了。

不过，我想明天再和她聊聊。正好明天我们会一起在学校办公室里学习。把一个话题分成两次谈，前一次会成为后一次的基础，接下来的沟通也会有好的效果。

和孩子沟通需要把握三个原则：第一，自然不生硬。在生活中自然发生，不刻意要什么结果，教育无痕是教育的核心原则；第二，适可而止。沟通要跟着人的状态走，青春期的孩子有他们自己的特点，出现沟通障碍，可以暂时停止，待找到机会再重新开始；第三，跟着需要走。沟通是因为孩子需要引导，而不是因为家长要转嫁需求，这是沟通的根本。只满足家长需求的不是沟通，是说教。把握这三个原则，是进行有效沟通的关键。

我期待明天能找到一个好机会继续今天的话题。

● 早就定了的去处

晚上睡觉前，是我们的"父女交流"时间。她躺在床上，靠在我的怀里，聊一点点生活，缓解学习的压力。多年以来，这已经成为我们之间的小习惯，也为她解决了很多问题。所以，无论多累，多辛苦，我都会在每天晚上睡前和她聊一会儿，这也是让孩子建立安全感的有效方式。

今天晚上的话题是借着白天的话题来说的。

"赶紧告诉我呀，你的目标到底是什么？你这个人就是喜欢卖关子，想吊我的胃口是不是？"我故意装作很不高兴的样子逗她。

"哎呀！是你呀，是你在逗我呢！"她一下子就明白了，开始撒娇。我们平时也是这样交流的。在笑声中，我们谈妥了很多事，但双方都知道，这不是开玩笑。

"告诉我，你的目标到底是什么？"

"你知道的呀，还故意问！"

"不知道呀，真的不知道！"

"我们不是早就定了吗？"她有点急了，然后伸出一个手指头，"这个，是这个，你知道不？！"

其实，我早就明白她的意思了，我们俩都想朝那个方向努力，都想争取考入温州中学。她嘟囔："早就定了的去处，还不断地说呀说呀的！"

"我也不是啰唆，我只是想要从你口中听到一个结论而已。再说了，我知道你在担忧什么，是不是觉得说出来万一达不到，会很丢人？"

她轻轻地点头。

"不用紧张，更不要不好意思。目标是我们行动的方向，也是我们要努力争取的。能够达成，是好事；万一达不成，至少我们努力过，对吧？对成长来说，过程显示出来的价值要远远超过结果。我们应该珍惜过程，看见过程的价值。"

说到这里，我伸出右手，她也很自然地把手放在我的手心里。

"放心，我们还有一年的时间。不担心，不放弃，一直朝着目标前行。相信那就是你的未来，也相信自己会在这个过程中变强！"

"嗯嗯，晚安！"她的眼神里满是坚定。

确定目标最核心的三个方向是：第一，取得共识。家长把自己的焦虑转嫁给孩子而设定的目标，或者孩子自己随意确定的目标，都不是合理的目标。合理的目标，是亲子之间的共识，是双方朝着一个方向前进。第二，重视过程。目标从来不是必然会实现的，而是成长的方向。最重要的是朝目标努力的过程，这是推动人成长的核心。所以，要重视过程、看见成长、寻找问题、解决问题，不轻易定目标，也不轻易对照结果。第三，学会沟通。沟通是教育的主要方式，是建立交际关系的关键手段。沟通没有具体的模式，没有固定的方法，只有围绕核心的交流。任何形式，都有可能达到沟通的目的。不拘泥、不刻板，才是沟通的关键。

和西西确定完目标，我接下来要考虑的就是怎么助力她去达成目标，否则目标只能成为挂在墙上的装饰。有目标固然重要，但是达成目标的方案、策略和方法，是接下来的具体操作点，也是在进入初三的课堂之前要解决的问题。

不过，在这之前，我还想给她看看衡水中学"土猪拱白菜"的视频，想知道西西会怎么看这件事。建立三观比明确要考哪所重点高中要重要得多，教育孩子，最重要的始终是教孩子如何做人。有了好的品质，接下来才是对成绩和分数的要求。这个逻辑不能混乱，需要关注二者的先后关系，否则，就会产生功利的想法，做出无奈的行为。

方法，调整学习深度的助力

　　西西的学习态度很好，学习习惯也很好，但是，某些学科的学习状态总是很不稳定，特别是"历史与社会"。这门学科很考验孩子的思想成熟度、对社会和时事的了解程度、对社会制度、经济制度、政治制度的理解程度等。如果孩子在这些方面的认知不足或成熟度不够，就会在理解题目材料上出现问题。

　　现在的孩子学习"历史与社会"这门课经常觉得吃力，主要原因就是思想稚嫩，不了解世事。这和孩子长期缺乏学习以外的活动，家长对分数过度重视等有关。

　　西西指着试卷上的"走私"两个字问我是什么意思，而类似的问题，她已经问过很多了。由于她平时阅读面的限制，一些具有时代特点的，对视野有要求的知识点，对她来说都有困难。

　　综合来说，西西在材料阅读方面出现问题有两个原因：第一是视野限制，影响了她对问题的理解；第二是她对问题和材料的解读过于表面化，看不懂问题背后的深层含义。

　　解决这个问题的方法有三个：拓展法、迁移法、关键词法。

　　拓展法，就是拓宽视野，增大阅读面，阅读更多的材料，思考更多的可能性。一般说来，主要的阅读材料有新闻时事、观点评论等，它们会从不同的角度对现实进行解读。孩子在阅读这些材料时，就会思考为什么会这样，在思考中看到自己知识的不足，补上自己的学习漏洞。学习的内容虽然单一，但学习的体系总有可完善的地方，拓展法是完善学习体系的重要方式。

迁移法，就是将文本的问题迁移到生活中，或者换个角度去认知。比如遇到此类题目：一张漫画上，画着一个人手里抱着一堆资料正要逃到境外，却被一只大手抓住，问这张漫画关乎的是国家荣誉、国家主权、国家领土，还是国家安全。西西在这个问题上感到困惑，她一度想选"国家领土"这一项。她认为，这是关于国家主权或荣誉的问题，画中人要外逃不顾国家主权和领土的完整。我换了个角度问她："如果这是我们家的企业，你带着一堆企业的资料，想要外出。请问，这堆资料可能是什么？""关于企业发展的资料！""那一旦把它们带到国外，泄露了的话会怎样？""那企业就危险了！""那这道题目应该选择什么呢？""我明白了，应该是国家安全！"她一下子就明白了。通过这样的迁移，把问题从"高处"落到"低处"、从"陌生"变为"熟悉"，帮助孩子理解、优化认知。

关键词法。题目的材料之所以难以解读，可能是因为内容偏多或涉及的知识点复杂。但是，材料中总有一些关键词。这些关键词是和课本有联系、和考点相近、和学科知识有关联的词。我们需要找到这些关键词对应的书本知识点及其联系。

方法固然重要，但很多同学知道了方法，却不一定能用好方法，还需要一定的助力，这个助力就是坚持练习。从"懂"到"会"是一个训练的过程。只有在了解方法的基础上进行合理的训练，才能获得更大的进步。

方案：成长中的规划

西西说，她的目标是考入温州中学。她很努力地要达成这个目标。但我的视角和她不一样。她想看到努力的结果，我则更想看到她努力的过程。说实话，在她读初中的头两年中，我已经看到了所有我想看到的。

西西很努力，懂得所有的成功都要通过个人的努力去获取，没有意外，更不能投机取巧；她很坚持，定好目标后，会逐层分解目标，一旦开始，就不会放弃；她很自律，不会被身边的人和事影响而改变自己的想法，更不会沉迷游戏、手机。她太懂事了，懂事到让我有点不太相信。我很多次和她说："你可以更调皮一点，或者不那么守规矩。"她笑而不语。旁边的人总说自家孩子如何让自己头疼，认为我在炫耀，说我身在福中不知福。

其实，规范对一个孩子来说是一把双刃剑，过度规范反而让孩子失去太多的可能性；而有个性的孩子，则会有很多突出的特点。遗憾的是，很多家长看不到自家孩子成长的可能性。教育就是这样，目标和格局决定了教育的成果。

西西想考取温州中学，这不是一个容易达成的目标，她需要合理地为自己做规划。她的规划加上她对规范的遵守，让她实现目标的可能性为 60%；如果她有更大的勇气去尝试突破，哪怕出现一些问题，达成目标的可能性也会提升到 70%。

能考取温州中学的学生，应该具备三个特点：没有弱科、答题能力较强、不轻易失分。要达到没有弱科，就需要补弱，对平时掌握得不太好的知识点，通过一定的训练来补足；要达到答题能力较强，就要尝试做一些难题，冲击每一份试卷中的压轴题；要达到不轻易失分，除了要认真对待平时的考试，还要对考试有宏观认识，特别是体育，不能失分。

以上述分析为依据，我们制定了西西的初三学习提升方案（见表 1-1）。

表 1-1　西西的初三学习提升方案

目标			
重点学科	优势学科	良好学科	待提高学科
关键问题			
重点策略			
暑期安排			

表 1-1 主要分为五个层次。

第一层是目标，就是确定自己的中考目标，知道自己为什么而努力。这是方向，也是努力的动力。

第二层是重点学科，要根据自己的现有水平对中考六门学科（语文、数学、英语、科学、"历史与社会"和体育）做出衡量，将其分成三个等级，分别是优势学科、良好学科和待提高学科。优势学科只需要完成日常的作业，良好学科需要多做较难的题，待提高学科需要持之以恒地进行强化。

第三层是关键问题，就是不同等级的学科中，诸多问题中的关键问题。例如对西西来说体育中的 800 米跑、语文中的现代文阅读等，是需要抓的学习重点。可以通过熟悉中考考纲，整理出近五年中考的重点，把握学习中的关键问题。

第四层是重点策略，就是解决关键问题的策略。解决问题需要策略，对不同的问题要有不同的策略，对基础不同的学科也要有不同的策略，策略是动态的，要不断调整。

第五层是暑期安排，这是具体的行动安排，是根据以上要求制订的具体行动方式。

西西做了一个具体的安排。她将数学归为良好学科，并确定了学习数学的关键问题为：难题刷得少、细节太纠结。就是说，由于平时很少接触难题，导致解题能力不足；过于专注问题的细节，注重细节是中等生的优势，但对想从优秀走向卓越的孩子来说，就是劣势了。因此，制定重点策略时，西西明确了两个方面：一是多练、多问、归类；二是抓题目的重点和主干。其中，"归类"是对练习的提升；抓重点是进行抽象能力练习的核心。至于具体的安排，西西准备每天做两道压轴题，提前适应中考的压力。

西西问我，为什么总让她以表格的方式去思考。我圈出了表 1–1 中的几个关键词"目标""问题""策略""安排"，对她说："你来看看这些词，它们之间是有逻辑的，每一个词都关联着下一个，按照这样的方式思考，不久以后，你会发现你不会做什么浪费时间的事，也不会被杂事干扰。"

她似懂非懂。但是我相信，时间久了，她会明白。

勇敢地面对弱点

很多家长有这样的苦恼：为什么和孩子说努力学习，孩子总是听不进去？为什么苦口婆心，反复劝说，孩子还是不听？为什么对孩子做到了陪伴，做到了无微不至的关心，孩子还是不好好学习？

其实，从孩子的立场来思考，我们会看到一些不同的情况。孩子会这样想："难道我不知道要努力吗？""你的苦口婆心不就是啰唆吗？你说一次我不听，难道多说几次我就要听吗？""你们是陪伴还是监督？是关心还是居高临下地命令？"

站在不同的角度思考，结果是完全不同的，没有和孩子达成共识，你的劝说怎么会有效果呢？

有一次，我对西西说："我觉得你目前的状态有问题，该做的不做，不用做的偏偏在做！我认为你需要反思一下！"我说得很直接。

西西一下就翻脸了，看了我一眼，不说话了。我知道自己的话说得有点冲，她可能是不接受我的说话方式，我想缓和一下，尽量把语气放缓，但我没有意识到，话语内容也是形成压力的关键，我仍想强硬地深入问题，西西已经很不配合了。

我选择了闭嘴。

事情是这样的，西西的学习态度很好，但学习时抓不住重点，喜欢打磨细节，又很坚持，而她需要的是培养自己的高阶思维和高端能力。但我现在直接说这个问题，她很反感，我该怎么办呢？

她有好几分钟不开心，闷闷不乐地拿出自己的古筝指甲，看来是想弹奏一曲来发泄情绪。

我忽然有了办法。我坐到她身边，拿起了她的古筝指甲。她看了我一眼，发现我也在看着她，连忙垂下眼帘，嘴里嘟哝了一句："你拿这个干吗？"

"我？我也想帮我女儿一个忙。"我很认真地说。

她嘴角一弯，又立即装作冷漠的样子："你能帮什么忙呀！"

"我可以帮你贴指甲呀！"

"扑哧！"她终于忍不住了，看着我这个大老粗，拿着她的"指甲"，帮她一个一个贴上去，然后用胶布缠好。

就这样吗？当然不是，我的"坑"还没开始挖呢。

贴完三根手指之后，我抓住了她的中指，开始贴指甲。贴完之后，她很自然地伸出另外一根手指。我依旧没有放开中指，继续往上贴。

"唉，不是贴好了吗？"

我没有搭理她，继续贴。

"你想干吗？"

我继续贴，在她的中指上贴了三个古筝指甲，然后说："来吧，今天就这么弹！"

"这怎么弹呀？"

"试试看嘛！"

她试着弹了一下："根本没办法弹，连简单的曲子都弹不下来。"

我笑着看她，装作不在意地说了一句蓄谋已久的话："原来，反复

第一章　8月
凡事预则立，不预则废　**013**

在一件事上努力，结果是这样的呀。我以为，只要努力，就可以把事做好呢。"

这句话直接击中了她的内心。她看了我一眼，陷入了沉思。

过了一会儿，我说："其实，我只是换个角度和你说，相信你也明白了，长时间重复解决同一个问题，并不能让你有效成长。"

"那我该怎么做？！"她提了个问题。

这让我很高兴，她的认识就要转为行动，她进步了。

"这很简单，知道自己的问题后，找到对应的解决方法就可以。比如，你现在的问题就出在高阶思维和高端能力上，那么你就需要每天坚持做几道压轴题。我已经给你准备好了资料，你有坚持的好品质，肯定没问题！"

"哦，原来是这样呀！"她恍然大悟。

"是呀，解决问题不难，就是需要一种简单的做法。根据自己的问题，找到适合自己的方法，然后坚持下去，这就是解决问题的关键。"

她笑着接受了，她学会了如何勇敢地面对自己的弱点。

其实，在陪伴孩子成长的过程中，想让孩子达成某个目标，需要三步：一是形成共识；二是提供方法；三是看见效果。形成共识是前提，是让孩子认同你的基础；提供方法是手段，是行为成长的过程；看见效果是动力，是推动行动执行下去的关键。

行动态度：把事情做到极致

这些天，我想给西西讲一个关于做事态度的故事。

平时，我们总是要求孩子要认真、努力、积极、主动、勇敢等，这样的要求看起来没有错，却忽略了孩子真正的发展。有些人很失望，开始找孩子的原因，认为孩子主动性不强，孩子的学习基础不好，不配合家长，等等。其实，即使孩子改变态度，学习更加主动，很多时候现状还是未能有明显的改变。

这样的状况有三种原因：不懂做什么、不懂是什么、不懂会怎么，分别对应着内容、行动和影响。综合起来其实就是规划，就是知道将一件事做好、做到极致的原则。所以，要想让孩子做到积极主动，前提是让孩子懂得做事要有追求极致的态度。

在陪西西散步时，我给她讲了这样一个故事。

"你知道苹果手机吗？"

"知道呀！"

"乔布斯是苹果公司的创始人，也是带着苹果公司走向辉煌的人。世界上的手机公司有很多，为什么苹果公司独树一帜，不可替代？你看，每年苹果手机开完发布会，都有一个奇观——大家开始疯狂购买苹果手机。当然，其中有营销造势的功劳，可关键还是手机好用。"

西西专注地听着，若有所思。

"从一些细节上可以看到它的成功。乔布斯说过一句话，优秀的木匠不会用劣质木板去做柜子的背板，即使没人会看到。他曾经抱怨 Mac 电脑的开机时间太长，而在工程师看来这是因为存在多种不同条件的制约。但乔布斯没有给工程师解释的机会，而是打了个比方，'如果启动时间缩短 10 秒能救人一命，你愿意想办法做到这一点吗？如果有 500 万人使用 Mac 电脑，而每天人们的开机都多用 10 秒，加起来每年就要浪费大约 3 亿分钟，3 亿分钟相当于 100 个人的寿命。'这番话让工程师震惊，几周过后，乔布斯被告知，工程师将 Mac 电脑的启动时间缩短了 28 秒。"

"在这个故事里，你看到了乔布斯的哪种特质？"

"努力！"西西总是言简意赅。

"那是一种什么样的努力？"我追问。

"努力到不能再努力！"

"换一种更好的说法，是极致！他不仅要求自己走向极致，更要求自己的产品达到极致！我讲这个故事就是想告诉你——要把事情做到极致。

"Mac 电脑上市后，乔布斯在一次访谈中再次提到了父亲对他的教导'如果你是个木匠，你要做一个漂亮的衣柜，你不会用胶合板做背板，虽然这个部分是靠着墙的，没人会看见。但你自己知道它就在那儿，所以你会用一块漂亮的木头去做背板。如果你想晚上睡得安稳的话，就要保证外观和质量都足够好。'你看，把每个方面的每个细节都做到最好，才是真正的极致！

"这就是乔布斯成功的原因，他做到了绝大多数人都做不到的一点——即使别人看不到，我也要追求极致的完美！"

西西默默点头，她已经明白了我的意思。

我提出了新的问题："在初三，要做到极致，你会做好哪几点呢？我想你能简单谈谈。"

后来，西西给了我一张纸条，她从四个方面回答了我。第一，从方法上，重视提升解题能力，通过刷题、整理、问老师来达成，平时多融会贯通，把做完的题目归类整理，遇到不懂的再问老师。第二，从策略上，要做一题过一题，但不纠结。对非重点的题目，要有选择地去做。第三，态度积极，做不出题的时候不能烦躁，要从不同的角度去思考。第四，定下具体目标，每天都要规划好具体要完成的做题量。

我注意到她对极致的思考有个特点，就是注重操作性和过程性。就是说，她认为的"极致"应该是看到过程和可操作。这是一种很务实的想法，却也看到了未来。这就是极致吧。

"你考虑得非常好，我觉得现在你对问题的认识深入了。说真的，我也没料到你会想这么多，想得这么完整。这体现了你现阶段的进步。"我的表扬让她有点不好意思，"不过，追求极致要满足三个要求，希望你能记住哦。"

"第一，要拥有一颗真正强大的内心，在追求极致的过程中，你会遇到很多坎坷。拥有一颗真正强大的内心，你才能一直保持坚定不移的态度。第二，和卓越的人一起进步，追求极致就是不断成为更好的人，那么要有目标，有假想敌，有更好的样子。从身边找一个卓越的人，把这个人作为你追求极致的方向。第三，永不懈怠，也就是要坚持。追求极致没有那么容易，只有坚持到底，你才能看见成功的样子。

思维和行动哪个更重要

我和西西一起坐在车上，她在吃早餐。

"我想问你一个问题。"我缓缓开口。西西满嘴早餐："嗯，问吧。"

"你说，思维和行动哪个更重要，为什么？"

"你这么问，那肯定是思维啦！"

"为什么呢？"

"为什么？这个我得好好想一想。"

"不着急，好好想一想，我希望你能想出 3 个原因，最好在下课后告诉我。"

下课了，我接她。

"想好了吗？"

"当然是思维呀！"她一边说，一边拿出了小纸条，"第一，思维决定方向，让人知道行动是否正确；第二，正确的思维提高行动效率；第三，正确的思维将会提高能力。"

"说得挺好！我一直都在训练你的思维，比如让你每天列出 7 件事，然后将它们按照重要性进行排序；又比如让你写班干部计划、班级工作计划等，都是训练你思维的有效方式。具备了合理的思维，我们解决问题的思路就会更清晰；清晰的思路又能说明思维的正确！比如我们昨天谈的两个问题——学习和视力。

"你看，我们谈学习，你只有两种选择，因为时间不够，你要么完成作业，要么通过大量做题提高解题能力。你选择了完成作业，你认真地做了两年作业，结果还是时常不尽如人意；相反在这两年中，你有两次为准备考试而进行自主练习，取得了最佳成绩。换个角度说，你不仅在提高解题能力，更是进行了有效学习。总的来说，完成作业不能帮到你，只有不断地提高解题能力才能提高成绩。这就是分析的结果。"

她听进去了。眼里开始发光："那视力的事呢，你为什么不带我去看医生？"

"我当然会带你去看，我已经预约了医生。"我拿出预约短信给她看，她笑了。她可能需要通过确认获得心理上的安全感。

"你看，关于视力的问题，我们也有两种选择，一种是看医生，另一种是合理休养。看医生，无非就是用药和不用药，到最后医生还是会告诉你要合理休养。如果不看医生，我们也要合理用眼。不同的渠道，结果是相同的，关键点也一样。你是不是要好好反思一下？"

她愣住了，好像明白了什么。

"很多时候，我们的思维决定了结果。正如你刚才说的，思维决定方向、效率和能力。这就是思维的重要性。也只有这样，才能看到一个人的进步。今天，爸爸是在和你讲学习和视力，更是在讲一种思维方式，方向对了，努力行动才有价值，它将决定你的未来！"

她默默地点头，以我对她的了解，能够感觉到她这是入心了。

确实，和一个正在准备中考而备感学业压力的青春期孩子说话，说话的内容、形式、情绪、语气、地点都是需要慎重选择的。教育，从来都是一个综合的过程，和西西一起的时候，我作为她的父亲同时也是她的班主任，要综合考虑的因素就更多了。不过，这个互相成长的过程很值得留恋。

不竭的精神追求力

这个话题让我想起了小予，一个总是看着人傻乐的男生。但就是他，成绩原本中等略偏下，经过三年的成长，到初三时一跃成为全校第一。他毕业后，我们复盘了他的成长过程，大家谈了很多，也争论得很激烈，最后形成共识的是——他看起来傻乎乎的。

大家一阵爆笑，随之又冷静了。他真的傻吗？不是，而是有一种看起来对什么都不上心的状态。失败了无所谓，做不出难题无所谓，转个身回来，打开试卷，重新开始。正是这样的状态，让他永远有激情，永远有动力，永远心中有阳光，所以才一直坚持下去，乘风破浪，不断提升。

在他身上，我们看到了一种用之不竭的精神力量，主要表现在：强大的精神动力、发自内心的不断追求、积极向上的态度。三者相辅相成，让他在生活中保持一种阳光的状态，推动他的进步。

有的孩子尽管学习很认真，但一直处于被动状态，很难有更多进步。他们会为自己的停滞不前焦虑，却找不到关键原因。所以，具备了行动力后，心态的作用至关重要。怎样培养孩子积极主动的学习心态呢？

很多人思考问题，着重于怎么办。实践中最重要的是操作，但很多人在具体操作时也经常遇到问题。为此，我制定了一个培养孩子积极心态的方案，共计四步。

第一步：认识心态，看懂心态。

"心"的具体表现为，心思、思想、意念、感情、性情、思虑、谋划等。心态的重点是"心"的这些内涵，"态"则是"心"的表现形式，包括意向、神情、情状等。

基于此，我们归纳出四个关键词，分别是情感、感觉、能力、思维。培养好心态，就是从情绪、状态、习惯和思维等方面入手，激发孩子积极的内驱力。

第二步：定义积极，建立系统。

积极的心态具备一定的层次性，往往表现为情绪佳、状态优、习惯好、思维强。再具体一些，情绪佳包含善于换位思考、能觉察自己的优点、能把优点发展为自己的优势；状态优就是信念坚定、目标明确、节奏合理；习惯好包括与人健康交往、主动倾听、品质卓越；思维强才能正向思考、有的放矢、合理规划。综合起来讲，拥有积极的心态，人的行动就表现为：能保持好奇和兴趣，能把握节奏和时间，能塑造好的品质，有正确的方向；能正确认知规划自我。方向明确，行动有重点，才能培养积极心态，激发内驱力。

第三步：制定方案，优化过程。

具体到如何培养孩子的积极心态，我们可以从五个方面入手。第一，给孩子谈积极心态的重要性，从情绪的正面影响谈起，培养孩子的专注力和坚韧性，唤醒孩子的成长欲望。第二，引导孩子进行自我反思，认识自己的优势，记录美好的曾经，懂得换位思考，拥有主动且勇敢的态度。第三，教孩子懂得悦纳自我，坚定自我的信念，不要总是和他人比，而是建立自己的目标，重复做使自己快乐的事。第四，让孩子学会建立人际关系，使孩子能在与他人交往中，主动倾听他人，保持健康的交往方式，培养积极的品质。第五，让孩子学会应对压力，能主动寻找事情积极的一面，有针对性地解决问题，能发现问题的正向作用，懂得规划目标。

第四步：重点定位，心态建设。

按照"情绪佳、状态优、习惯好、思维强"的标准，设计相应的任务，让孩子通过完成任务，唤醒孩子内心的成长欲望，增加孩子的内驱力，培养孩子积极的心态。

想出去玩

西西估计有点累了，她一个暑假几乎没有休息。

自学、上辅导班、阅读，学习充斥了她的整个暑假生活。

学习之余，她不断在我耳边念叨："带我出去玩一下吧。"我很心疼，却不知道该带她去什么地方，想带她去酒店里住两天，感受一下海景房、自助餐，她又觉得浪费钱，也没有特别大的兴趣。

我倒不太在乎所谓的暑假学习。什么"弯道超车""暑假决定一个学期"，有些人鼓吹这些，不过是贩卖焦虑，唯恐天下不乱。一个学期都没能"超车"，暑假就能"超车"了？

孩子在成长过程中需要劳逸结合，没有好好的放松，不仅身体会疲惫，思维也会变得迟钝，影响孩子的注意力集中和敏锐度。

一天下午，我对西西说："不看书了，出去走走吧。"

"去哪里呀！"她似乎兴趣不大。

"随便，你想去哪里就去哪里！反正不看书了，出去散散心。"

"好吧。"她勉强地同意了。

征求了她的意见后，考虑到炎热的天气，我们选择去离家最近的综合体商场，在里面边逛边吃。

西西对吃没有多少兴趣，除非有新奇的食物。她对玩倒是很有兴趣，特别好奇抓娃娃机和抽盲盒。

反正是陪着她消遣和放松，我买了一大把金币，看着她玩游戏，她很认真地计算时间、力度和可能性，和抓娃娃机里的一个个玩具"斗争"。时而惋惜地长叹一口气，时而紧张地叽叽咕咕，时而懊恼地拍大腿，偶尔还有成功的狂喜。在玩了 10 次"抓娃娃"后，她得到了三个"娃娃"，笑容满面。

有时候，一点点小快乐，就能让她从阴霾中走出来。

到了卖盲盒的店铺时，她的脚就移不动了，这可是她的最爱。那么多不同类型的盲盒摆在她面前。虽然她拥有的盲盒我已经数不清了，但她仍旧对这种玩具痴迷不已。当然她知道不能大量购买。

她的快乐就在挑选、对比、评论中。

好容易，她下了决心，拿起一个盲盒对我说："就这个，我选定了。"我笑着接过来去付款，又随手拿起她刚才恋恋不舍地放下的那个，也一起买下来。

出了店铺，她迫不及待地打开盲盒，左看右看，特别开心。她说，最享受的就是拆盲盒的过程，感受惊喜。

"那你还想要惊喜吗？"我问。

"啥，什么意思？"

"就是惊喜呀，想不想再加一点惊喜？！"

"哪有那么多惊喜？"她嘟着嘴。

"惊喜吗？"我拿出她恋恋不舍的那个盲盒。

"哇，你什么时候买的，爸爸，你太好了！"

"够惊喜吗？"

"够够够！！"她忙不迭地点头，笑成了一朵花。

整整半天，她脸上的喜悦，浓得化不开。

我并不觉得这样是浪费时间。有个哲人说，时间本来就是用来浪费的，关键是你为什么而浪费，浪费在何处。西西很珍惜时间，她也会疲惫，偶尔拉她出来随意"浪费"一点时间，不仅为了放松，更为了调整学习的节奏。

第二章 | **9 月** |

崭新的初三开始啦

SUN	MON	TUE	WED	THU	FRI	SAT
			①1	2	③3	4
5	6	7	⑧8	⑨9	10	11
12	13	14	⑮15	⑯16	⑰17	⑱18
19	20	21	22	㉓23	㉔24	25
26	27	28	㉙29	30		

想要考不一样的

今天返校，学校确定毕业班的学生要进行一次返校考试。

这是给九年级学生的第一个下马威，也是让西西和其他孩子暑假过得不开心的原因之一。

上午西西遇到了许多老师，老师们对这次返校考试做了简单的说明，强调这样做是为了让大家更好地适应九年级的节奏，做好身心准备。老师也对考试内容做了简单的说明，总的说就是：第一，不会太难；第二，大部分题目来自暑假作业；第三，之前重点强调的内容都会考到。老师说得很明显，部分孩子欣喜若狂。

但我看到，西西听到这些话时眼神明显暗淡了下来。

我以为她有压力。这很正常，作为一个对自己有要求的孩子，肯定会在每一次检测中都感到有压力。

没想到，回家的路上她一直在嘟囔："考什么考，有什么意义呀，这样的考试是为了什么，搞笑吗？"

我还以为她焦虑了："没事，坦然面对就好了，没有什么好担心的。考好或考不好，都能从中得到一些东西。不需要为此难受呀。"

"我想的才不是这个！"

"那你在想什么？"

"我就是想，为什么要设置这种没价值、没意义的考试。大部分题目都是做过的，甚至题目都不会变，那为什么还要考？"

"原来是这样！"我哈哈大笑。

"你笑什么呀！"她恼了。

"笑你很可爱，笑我的女儿了不起呀！"

"这有什么了不起的！"

"因为，我从你的表现中看到了三点让我高兴的地方。你想不想知道？"

"嗯！"她有点好奇。

"第一，你喜欢面对挑战，这是一个人进步的关键动力。你觉得考试题目和暑假作业一样，就没有兴趣，你觉得简单的题不能影响你，你想要新的挑战，这一点非常好。只有具备这样的想法，你才能真正有进步。我给你讲了那么多故事，你应该知道，真正能让一个人主动成长的，就是不服输的心，勇敢面对挑战的心。你的话让我看到了这一点。真好！第二，你不喜欢重复，这是保持好奇心的关键。重复自己做过的事，会让人失去成长的动力，更是兴趣消散的开始。很多人就是因为一直重复，才满腹怨言和心态消极。你不喜欢重复，总是希望创新或面对新的局面，这是你好奇心的起点。第三，你相信自己的能力，在前面两年的初中学习中，你不断成长并获得成功，变得更加自信。自信是成功的归宿，同样也是成功的开始。我希望你能够自信地面对困难，不管是否实现目标，只要自信地站在困难前面，你就成功了一半！"

我洋洋洒洒地说完，看着她："记住了多少？"

"我喜欢调整，我不喜欢重复，我更自信了！"她找到了三个关键词。

"说得好，"我夸赞道，又补了一句，"你还有一个优点，捕捉信息很快！"

她带着得意笑了。

"其实，相比于考试成绩，父母更注重的是你的态度。你认真准备，积极面对，把该得的分数得到，就达成目的了。你看，初中两年，我们没有因为考试成绩责备过你，为什么？因为我们得到了想得到的。所以，不管是现在还是未来，要记得考试最重要的是什么！"

孩子是在生活中成长的，不应该只看孩子的缺点，更不能用消极的心态面对，而是要懂得每一种经历都会帮助孩子成长，抓住教育的机会。只要我们能够找到教育孩子的契机，就一定能帮助孩子走向更好。

积极的心态像太阳

对西西来说，在当前阶段，心态的影响是巨大的。但是，又不能直接和她强调这一点，以免带来抗拒和逆反，反而把事情弄糟。

如果有些事情孩子做不好，你又总否定他，结果只会让事情更糟。

我看过一段话，说教育孩子时，教育者应该站在孩子后面半步，当孩子出现问题并转身求助时，教育者再上前帮助孩子。但是现在的教育者往往都是站在孩子前面半步，孩子一开始努力，就冲出来指手画脚，教育的效果就可想而知了。

数学考试结束。我正在办公桌前专注地写我参加班主任大赛的带班育人方略，西西不知道什么时候已经悄无声息地站到我身边，面无表情地说："走吧，吃饭去吧！"

我看她样子不对，猜想这次命题老师又"得罪"人了，便马上收拾好自己的东西，站起来，拉着她往食堂走。

怎么和她谈，谈什么，我的头脑里满是这个问题。

算了，哪壶不开提哪壶吧："怎么样，数学考得如何？"

"不会，好多不会的！"她硬邦邦地回了我一句。

"好多不会的？"我愣了一下，我知道她说话会夸张，但是怎么让她冷静下来呢？我故意怼了她一句："那我明白了，150分的数学试卷，你很多题不会，估计你只考了50分了。改卷老师真幸福了！"

这下，把她给惹恼了，她揪着我腰间的肉要拧我，我马上转身做出反应。我们俩在办公室门口开始了一场"战争"。直到她的两只手都被我控制住了，她才气喘吁吁地说："瞎说，哪有那么惨啊！"

"那你哪些题不会？"我问道。

"就是最后一题的第二小题的后半部分和第三小题，还有两个填空题有点问题。"

"这不是很正常吗？以现在的数学试卷来说，有些题不会做很正常啊，数学老师的快乐不就是难住你们吗？这一年的数学卷你还不知道吗？再说了，难道只有你觉得考题难吗，大家也这样呀！"

"那倒也是！"她说。我们俩一路朝着食堂走，她的心情看起来好了很多。

"你呀，就喜欢夸张，一旦有一两道题做不出来，就开始怀疑自己。其实，每道题都能做出来，考试还有什么价值呀？你要接受这样的状态。两年了，考了这么多次，你应该懂了。"

"嗯！"现在的她，接受了考试的结果，坦然多了。

"遇到一点挫折和困境就泄气、就开始自我怀疑，也是一种消极的心态，对人的影响很大。我给你讲个故事吧，关于心态对人考试的影响。"看她并不反感，我讲了起来。

"你还记得小予吧，"我开始讲她熟悉的学长的故事，"那年中考，他的数学没考好，整个人都崩溃了。中午，他觉得自己完蛋了，痛哭流涕。那天下午我见到他的时候，他还在流泪。他觉得自己数学没考好，这一年的中考没有希望了。"

西西默默地听着。

"那次中考，他的成绩果然没有平时好，初三以来总考全校前三名的他，中考时考了学校第十，失去了上重点高中的机会。看起来，数学没考好真的影响很大。但是，难道就他一个人没有考好吗，难道那份数学试卷就难住了他一个人吗？他的数学没有考好，消极心态又影响了下午的英语和"历史与社会"的考试。他的英语本来能考 120 分左右的，那次只考了 109 分，他的"历史与社会"成绩也一般。你说，这是数学的问题，还是心态的问题？"

"心态！"西西终于明白了。

"什么是积极的心态呀，其实就是当我们遇到问题时，不要觉得这就是我们的问题，要看到，这也是大家的问题。然后，你要做点什么，从消极中走出来。今天下午要考的两门课是你的强项，你应该告诉自己：我一定可以考好，我可以做得很好。我的英语有优势，"历史与社会"对我来说更简单，因为我爸爸就是厉害的"历史与社会"老师。这样调整好自己的心态，你就不会受数学考得不好的影响了！"

那天很热，我喋喋不休，她眼神专注。

我和西西专心吃着午饭，我相信她会明白的。

下午考试结束，我没有问她考得如何。倒是在回家的路上，我问了一个整体成绩比她优秀的女生"数学考得怎样"。那个女生愁眉苦脸地对我说："我都不知道数学老师为什么要出这么难的题！"

我能感到西西松了好大一口气。

到家后，她很认真地写作业。我说："写一会儿，我们今天一起吃火锅。"到了吃火锅时，她的状态调整过来了，不仅大吃大喝，还笑逐颜开。回家的路上，我们经过一个怀旧风格的小店，我看到里面有卖我小时候吃的"大大泡泡糖"，想和她分享，她拒绝了。

她说："要不要听一个关于泡泡糖的故事？"

我一愣。她笑了："你真忘记了？"

"哈哈哈哈"，我懂了，那是她在小学三年级时发生的事，因为全班一半同学在午间休息时吃泡泡糖，被老师罚站并要求写检查。她说："那是我人生中第一次，也是唯一一次写检查。"

我打趣道："要不，现在再写一篇？"

"我才不要呢！"她哼了一下，"再也不写检查了，不过我还记得那时候的开心。"

"对呀，我也记得你那时很开心！**生活就是这样，只要你认真经历了，都能找到相应的财富！只要你用积极的心态去面对，相信你自己，一定会有不一样的收获！**"

我们慢慢地走回家去，能看出来她有点不同了。接下来，和她一起积极地面对生活，应该是我们最重要的任务！

一个爱讲道理的爸爸

团委书记李老师和我商量，能否让西西做教师节的学生代表上台发言。

我不敢做决定，而是和李老师商量："还是你来问问西西吧，你问会比我问能让她更认真地决定去不去。我担心，一旦她认为是我为她接下的任务，她会矫情起来了。"

李老师笑了："当然没问题！"

一会儿，李老师笑着对我说："西西答应了，挺干脆的！"

我有些惊讶。

可能，那个娇羞的小姑娘早已有了很大的变化吧。只是在我面前，时刻保持着内敛的样子，是因为她的安心吧。

李老师也挺高兴。也许，他的想法和我是一样的。

接了任务的西西，需要完成三件事情：准备发言稿、练习、上台。

先准备发言稿。李老师、我和西西在讨论之后，结合李老师手里的一份初稿，我进行了简单的修改，再交给西西去完善。

两天后，我看到了西西的发言稿。

稿纸上满是修改痕迹。有修改文字表述的，有修改断句的，还有标记重点的符号和画线。我知道西西很努力，她的努力过程，被这张纸体现出来。

发言稿中有一段话让我十分感动："我的爸爸是一位老师。小时候，在我的眼里，爸爸是一个很爱讲道理的人。他讲了那么多道理，我虽然懵懂，却无比相信。我长大了，爸爸还是那样爱讲道理，我已经懂得了道理背后的爱。爸爸，是给我留下了对老师的第一印象的人。"

小学时，老师让西西写爸爸的 10 个优点，她写的其中一点是"非常爱讲道理"。因为这一点，我被嘲笑了好多次。别人说我，连女儿都说你开口闭口讲道理，这是职业病。我哑口无言。女儿给的评价，再尴尬也得接受。

终于等到西西上台发言了，我坐在最前面，看她在台上落落大方，听到其他老师窃窃私语地称赞她，我心里满是骄傲。我忽然能够理解，为什么我考上大学发榜后，我爸每天都要从榜前经过了，原来这就是一个父亲为孩子感到骄傲的感受。

那天的晚饭我们是在食堂吃的，去食堂的路上，碰到的老师都笑着对她说："西西真棒，讲得真好！"她腼腆地笑着，我能感觉到她的快乐。

有一天，一位老师问我："你为什么要将孩子留在自己的班里，而不是送到那个由成绩最好的孩子组成的班里？"我笑着说："当了这么多年老师，应该知道成长是什么。我只想让自己的孩子经历一个成长阶段，这个阶段不只有题目、分数和无休止的订正。她要去感受同伴、青春，以及各种成功和失败！"

他看着我，摇摇头走了，可能是无法理解我吧。可是我相信，西西选择在我担任班主任的班里的原因，和我愿意做她班主任的原因，是一样的。

附：西西的发言稿

让我谢谢您

各位亲爱的老师：

下午好！

我是来自九（1）班的方××。当秋风在身边吹拂，当硕果在枝头悄悄成熟的时候，我们又迎来了一个极有意义的节日——教师节。

在这个节日，我想来谢谢您！

9月，没有娇艳的鲜花，没有翠绿的杨柳，却因为有教师节而显得厚重。谈起教师节，我想每个人脑海中都会浮现求学路上遇到的一位位老师。有的循循善诱，善于以理服人；有的视角独特，常常语出惊人；有的学识渊博，文史典故信手拈来……可以说，在我们成长的路上，每一个阶段都浸透着老师的心血。

我的爸爸就是一位老师。小时候，在我的眼里，爸爸是一个很爱讲道理的人，他讲了那么多道理，我虽然懵懂，却无比相信。我长大了，爸爸还是那么爱讲道理，我已经懂得了道理背后的爱。爸爸，是给我留下了对老师的第一印象的人。

我很开心，我遇见的每一位老师都可亲可爱又认真负责。我看见他们在办公桌前忙碌的身影，听到他们在走廊上的亲切问候。学校里的忙碌生活因为有了老师们的付出变得温润充实。

老师就像摆渡人，把学生从无知摆渡到成长的岸边；老师就像乐队的指挥，指引我们弹奏美妙乐章；老师还像坚强的后盾，一直在背后为我们提供帮助。老师是辛劳的，可他们塑造灵魂的工作是伟大的；红烛的燃烧是短暂的，但它燃烧自己，照亮别人的心却是永恒的。

可以说，我们遇见的每一位老师，都是我们人生路上的一盏灯，也许不是每一盏都很耀眼，却都在照亮我们前进的方向！

老师们，在这第 37 个教师节来临之际，请允许我向全体教师致以美好的祝福：祝老师们身体健康，工作顺利！让我代表全体同学和我们的爸爸妈妈们，谢谢您！

谢谢大家！

有规划的人是不饥饿的

暑假，我听了一节课。在谈论班主任工作的时候，一句话让我记忆深刻："有规划的人是不饥饿的！"

我能理解"饥饿"是什么意思，这是一种面对未来的恐慌感。如果一个人不知道每天要做什么，只是盲目完成别人布置的内容，他的生活一定充满恐慌，这种"饥饿感"的表现是：不知道做什么，不知道怎么做，没有生活的动力又无所事事。一旦遇到事情，就一定不会是小事，然后陷入疲于奔命的状态。

同样，不会做规划的孩子，不懂得做准备的孩子，在学习上通常也是被动的。他们被动听课，学习成绩可能居中，但一遇到困难就崩溃。

很多人把这种崩溃解读为：青春期，脾气不好，能力不足，动力不够等。其实，关键的问题是孩子为什么会这样，孩子们缺乏什么才会变成这样。

很关键的一点，就是教育者是否为孩子的成长做规划。

规划，不是简单地制定目标。它需要关注到目标、计划和行动，即定什么目标、做什么计划、用什么样的行动去达成目标。

所以，开学前我给孩子们发了一个通知：各位石心班^①的小伙伴们，明天上午 7:55，请于石心班四楼九（1）教室见。

请带好"五个一"：

一种态度，九年级的学习好态度；

一个目标，九年级的中考大目标；

一个信念，为"石心"和自己的信念；

一个规划，完成九年级目标规划；

一种行动，热爱"石心"的努力行动。

准备好后，我把它们写在 A4 纸上，作为明天上午的入门券！

这"五个一"从"态度、目标、信念、规划和行动"入手，完整地对九年级的学生提出新的要求。孩子们书写的过程，也是反思的过程。只有经过这样的思考，他们才能沉静下来，系统地思考。

西西是这样写的：

一种态度，九年级的学习态度。①上课边听边记，下课边思考边问。②保持学习的好心态，要积极、乐观、坚定。③要有策略地学习，一松一弛，时刻保持好的状态。④抓住学习的重点，细节不重要，要抓好主干，抓住核心。

一个目标，中考大目标——温州中学。

一个信念，为"石心"和自己的信念。①要有耐心，黑夜之后会天亮，心中有希望，才能看见希望的到来。②内心要有坚定的信念，只要开始了，就要做好，不可以后悔。

---

① 石心班为作者方海东所带 2021 届学子所在班级班号。——编者注

一个规划，完成九年级目标规划。①九（上）月考 1：前 50 名，提高语文成绩，明确每天要做什么。②九（上）月考 2：前 40 名，提高科学成绩，保持乐观积极。③九（上）期中 3：前 30 名，提高英语成绩，每节课边听边背。④九（上）月考 4：前 30 名，提高"历史与社会"成绩。⑤九（上）期末 5：前 30 名，做好寒假准备。⑥九（下）月考 1：前 30 名。⑦九（下）月考 2：前 30 名。⑧九（下）期中 3：前 30 名。⑨九（下）月考 4：前 30 名。⑩九（下）期末 5：前 30 名。

一种行动，热爱"石心"的努力行动：①爱"石心"，建"石心"，管理好"石心"；②不让别人影响"石心"，营造良好的氛围学习；③使"石心"有积极主动的学习环境。

虽然说，西西在做规划时过度进入"沉浸式"状态，导致把模拟考和中考变成了目标九（下）期末的目标了。但是，对她的想法，我深表赞同。我不在乎她最后是不是能够实现目标，我在乎的是，她有自己努力的方向，并且朝着这个方向前行。

一个人感到"饥饿"是因为当前有所缺失，而规划则会弥补这种缺失感，让你不仅知道现在要做什么，而且知道此后要做什么。就如下象棋，只有预设自己接下来要做的，才能保持内心淡定，坦然面对棋局。这就是规划的作用。

怎样发挥考试该有的功用（一）

考试成绩出来了，西西的成绩还是有进步的。虽然她对某些学科或某些题目没有考好耿耿于怀。但是，检测学习效果不是考试的唯一目的。

能让考试成为促进孩子改变的手段，才是考试的促进作用。

可是怎样才能促进孩子改变呢？对比？责备？刺激？这些都不是。

真正能促进孩子的是给予具体的方法，教会孩子怎么做。

我想了三天，做了一个表格：学业考试自主分析表（见表 2-1）。

表格从左到右分为三个部分。

第一部分是类别。纵向是五门文化课的考试结果和下一次的目标。这体现的是孩子对当下学习水平的认识和对下一次考试的定位，可以让人看到每次考试之间的联系。每次考试都应该在前一次的基础上进行准备，为自己接下来的学习确定方向。

第二部分是分析和措施。既看到自己在考试中的亮点，又能找到并分析核心问题，并根据以上分析采取挽救措施。这个过程包括分析和行动，要知道自己该做什么，为什么要这么做，怎么做最好。在分析的过程中，要凝聚思维，归纳核心，这既是培养思维的过程，也是行动的过程。以"挽救措施"来定义行动，可以让问题的解决变得更直接。避免

表2-1 学业考试自主分析表

学业考试自主分析（…）

时间：

类别	分析与措施			落实行动												
	考测亮点	核心问题	挽救措施（3条）													
语文				1	2	3	4	5	6	7	8	9	10	11	12
				13	14	15	16	17	18	19	20	21	22	23	24
数学				1	2	3	4	5	6	7	8	9	10	11	12
				13	14	15	16	17	18	19	20	21	22	23	24
英语				1	2	3	4	5	6	7	8	9	10	11	12
				13	14	15	16	17	18	19	20	21	22	23	24
科学				1	2	3	4	5	6	7	8	9	10	11	12
				13	14	15	16	17	18	19	20	21	22	23	24
历史与社会				1	2	3	4	5	6	7	8	9	10	11	12
				13	14	15	16	17	18	19	20	21	22	23	24

下次目标：

给自己的话：

明白了道理，却解决不了问题。

第三部分是落实行动。用打卡的方式，引导自己坚持完成每天的任务。每个任务都要坚持执行24天。每完成一天，就打一天的卡，24天后，就可以看到自己的完成情况。

这份表格能让西西在考试结束后，更好地复盘考试的过程，找到自己的成长点，为能力的提升找到落脚点。

西西根据我设计的表格对自己的这次考试做了分析，她的分析有三个特点。

一是找到了自己的弱点。西西能根据对试卷的分析，找到自己的不足。但她把这些不足放大了，这可能会影响她后面的学习规划。

二是挽救点^①有点大，这是因为核心问题被她放大了，造成了挽救点放大，大则虚，反而不好处理。所以，还需要更精准地认识自己的问题。

三是操作措施略显模糊，它受到了挽救点的影响，不能精准定位提升能力的需要。

从目前看，西西还需要更加精确地做好分析，精准定位自己的问题。我准备给她三点建议。

第一，从知识的角度进行分析。之所以是核心问题，是因为它暴露了知识点漏洞，因此就要从出错的知识点入手，找到模糊、混淆、不清晰的点，然后寻找同类的变式题去突破。

第二，要通过亮点看到变化。要理解是什么样的变化使自己出现了亮点，这不只是分析，更是坚持下去的信心。

第三，挽救措施要有不同。就是要和以前的举措不同，才能有变化，才有挽救的可能性。

---

① 挽救弱项的切入点。——编者注。

到目前为止，我还没和西西沟通这个表格，只是自己在分析，我要想清楚之后再和西西谈。第一步，我想以"变"为主题，先让西西看看这篇文章，再和她谈谈怎么利用好每一次考试。

怎样发挥考试该有的功用（二）

我和西西聊这个表格的问题，她分析得太空洞了。

我指着她的"亮点"说，"所谓的'作文''听力''大题'是什么意思？亮点应该是在下一次考试中要保持的，是在平时学习时能坚持的，你说的这些怎么坚持？"她不好意思地笑了。

"接着看你分析的核心问题，也都是在表面上讲，觉得这个地方被扣分了，可是为什么会被扣分？大部分扣在哪里？你都没讲清楚。这就会给后面的挽救点和挽救措施带来麻烦。'认真听课，整理知识'，你用的措施还是以前的措施。既然以前都不能改变多少，现在做又怎么能改变呢？你想要进步，就要有和以前不同的方法，只有方法变化了，才能有不同的结果。"她似乎有点懂了，但又觉得不太明确。

我看着她发蒙的样子，想了想，觉得还是要用具体明确的方式告诉她，"这样吧，我给你几个建议，你试试按这样的方法去分析。"

"嗯！"她点头。

"针对问题过于泛化的问题，第一个建议是找到具体的落脚点，这样你才能知道自己要做什么。你认为数学的核心问题是压轴题，可是压轴题谁没有问题，这么泛化的分析会让你的举措只能是认真听课、多做压轴题。但是，你平时不也在做这些吗？一般说来，你应该具体分析你的问题出在哪个知识点，然后你要用什么样的方式去厘清它。比如练习、整理、阅读错题或求助于老师等。这样具体化的分析能让你清晰地知道自己要做什么，该怎么做。第二个建议是针对性。解决一个问题，要采取有针对性的方法，只有和问题相结合的方法，才能发挥作用。比如针对英语阅读理解的问题，你要每天完成多少练习，完成后怎么处理，后续怎么提高，应该有明确的方法。当然，你也可以发现这是建立在你对问题认识的基础上的。问题认识清楚了，解决方法一定会有针对性，二者是有联系的。"

讲到这里，我明显发现西西脸上出现了恍然大悟的表情。其实，事情总会相互联系，一个方面做好了，另一个方面也会变好。但是反过来说，一个方面做不好，其他方面也很可能受到影响。只是暂时没必要把这个规律告诉西西，如果她理解不了，反而会增加忧虑。

"第三个建议是积极而主动，这是一种态度。做任何事情，是持积极的态度还是持消极的态度，都会影响能力的发挥，会影响你做事的效果。这一点，你肯定很清楚，我们也聊过多次。"

我说完，她若有所思。

我没有打扰她，只是安静地看着她，默默地等着她。这是一个"悟"的过程，也是成长。

怎么才能这样努力呢

自从在朋友圈发了西西在教师节的发言稿后，我的朋友圈足足热闹了三天。大家很好奇，怎样才能让孩子像西西一样努力呢？

晚饭后的自由时间里，西西靠着我，我把这个问题扔给她："帮我回答全国网友一个问题吧？"

"What？"她来了一句英语。

"为什么你会这么努力？"

"哦……"她从喉咙深处发出一种声音，似乎觉得这个问题很无聊，然后翻了翻白眼。我赶紧找了个矿泉水瓶做采访状："请西西同学回答！"

她很勉强地说："那我就简单说两句。"

"第一，我有目标，而且会为目标做规划，大目标有大的规划，小目标有小的规划。反正我知道什么时候该做什么事情、怎么做、做多少。"她说的是自己的学习计划和每天给自己安排的必做的七件事，这是她的行动方向，让自己忙起来，知道自己为什么忙。

"第二，我觉得自己做事有一种冲动，就是在做事时想把事做到最好，做到极致。而且，我身边还有一些同学也是这样，大家一起努力，对彼此也是一种促进。"这应该是她追求价值感的体现，也就是我们说的好习惯的样子。

"最后，"她说着，兴致就来了，"成功的感觉真的太好了，每一次成功都会给我很大的动力，我就是想看看自己可以做到什么程度，看看自己最好的样子。"她说得眉飞色舞。

"还有，失败也让我觉得挺舒服的！"

"啊？！"

"好像，我一直以来都没被责骂过。无论是考试还是参加什么活动，您都会和我分析，我也都看到了。这让我感觉只要努力就行了，不用想太多。"原来是这个意思，我有些惊讶，这样侧面的表扬，又让我也有点骄傲："嗯，我也觉得我做得挺好的。"

她在一旁笑得眼睛都不见了。

"还说只是简单说两句，你说得可一点也不简单。"我指着她说。

她笑着说："那我去'复杂地'学习了？"

"好咧！"

阿德勒说："人终其一生都在寻找价值感和归属感。只有二者的恒定，才有人思想和行为的稳定。"西西的描述包含 3 个方面，一是目标与规划，这是努力的策略，明确自己要做什么、怎么去做。二是价值与归属，寻找自己的价值感，和好的团队一起努力，把这作为努力的动力。三是成就感与安全感，把事情做到最好会给人成就感，而安全感能让人解除后顾之忧，营造努力的环境。

努力，是一个简单的词；做到这一点却很不简单。有人以为努力是天生的品质，殊不知努力是由众多因素推动形成的。

流着泪的西西

"妈妈……"西西一边写着作业，一边扭头喊道。没有人回应，她妈妈可能离得有点远，可能在阳台上，洗衣机的声音掩盖了西西的声音。

"妈妈……"西西有点情绪了，继续喊着。她不叫我，我就在她身边。她长大了，可能有些事情不想对爸爸说，我也很老实地闭嘴待在一边。

"妈妈！！！"她明显带着情绪了，"你在干吗？！怎么叫你都没听到！"她开始大喊，变得很焦躁。

妈妈终于过来了："干吗？这样叫我！"她妈妈也带着情绪，我猜两个人马上要吵起来了。

"这么叫你，你都不过来？这里有三道错题，帮我打印一下，我想看一下。"原来是这样，平时都是她妈妈帮忙打印错题，很熟练也很高效，怪不得西西不叫我。妈妈似乎被她的焦躁传染了："这么简单的事，还要我来做呀！你找你爸！"战火一下子就烧到我身上。

"啊？不好意思，我不太会！"我赶紧逃开，"这件事，你做得最好，你也是她最信任的人。"我的示弱和吹捧，丝毫没有发挥作用。

妈妈唠叨着："什么都叫我，我又不是全能的。你一个特级教师也不学习一下？你一个初三的孩子不会自己解决？"

估计妈妈今天很累，影响到情绪了。她的唠叨又点燃了西西的情绪："你怎么有那么多说法，我在赶时间，让你打印几道错题就这样……"

我一看火药桶要被引燃，赶紧拉着西西去喝水。

过了一会儿，大家手上的事情都做好了，也都装聋作哑不提刚才的争执了。但我明显感到西西的状态不稳定。是因为反复叫妈妈没有得到及时回应，还是因为没有及时打印错题而影响了她的节奏呢？到底是什么原因？

又过了一会儿，西西找我问问题，她有一道数学压轴题做不出来。我凭着多年前的数学教学经验非常艰难地解了出来。她指着自己的做法对我说："为什么我这种方法做不出来？"我一看，她写得密密麻麻的，让我头都晕了。

"你能重新解一遍吗？解题过程中自己多想想，对照我的方法，自己找找答案。"

"我已经解了两遍了，就是解不出来，我需要你帮忙！"她很执拗。

刚刚解题耗费了我很大精力，她的潦草字迹和莫名其妙的思路让我有点烦躁。我尽力控制着情绪说："换个角度思考是好事，可是你这样解题，我也看不懂啊！"

"我来说给你听吧！"她坚决不放弃，"我能讲清楚的。"

"我已经……"我说到一半，就忍住了。我发现她眼睛红了，而我却在破坏她的学习习惯，我有点自责。可能潜意识中，我也觉得找到最合理的方法就好，没必要凡事都弄得清清楚楚。

"拿来吧，"我还是"扛不住"她的委屈，找到了问题的关键，总算让这件事过去了。我让她赶紧去休息。我能看出来她的疲惫，疲惫会让人的情绪更糟。

西西每天早晨 6 点多起床，晚上 11 点睡觉，疲惫、压力让她的情绪爆发了。

休息前，她靠在我的肩膀上，我抱着她说："没事的，累了，或者有什么问题，就靠一会儿，爸爸都在！不要一直向前冲，没必要，爸爸只要一个快乐的你，而不是不开心的你！"

"嗯！"她用力抱了抱我，去休息了。

看来，我要帮她缓解一下情绪了。九年级固然是迎接中考的关键，中考却不是决定人一生的关键，它最多只是一个关卡口。

为什么成长动力不足

我经常反思自己对西西的影响。

通过她的行为表现，我总会反问自己："为什么会这样？到底发生了什么才会如此？如果有一些决定因素的话，最关键的因素是什么？是不是因为她和我的关系，才造成这样的问题呢？"

比如对于积极的心态，她有时会困惑于什么才算积极的心态，怎样的积极是对的，自己的样子是不是符合"积极"的要求。我反复思考这些问题，还是没有办法回答她。

但我在其他孩子身上也发现了这样的问题。这说明，这不是我和西西的问题，而是我的教育出现了问题。我在教育中，没有引导好孩子，孩子们才会出现这样的问题。

可是问题到底出在什么地方？怎样才能让孩子们明白要如何具备积极的心态呢？

一般说来，人在某方面出现问题有三个原因：

一是弄不清问题的内部结构，不明白事情是什么原因造成的，导致行动出现混乱。

二是能力不足。对自己期待很高，但做不到，导致一直折腾一直没有成果，这是视野和自我认知出了问题。

三是看不清问题的关键点。人在抓不住核心问题时，所做的事情就会偏离主题。

从目前的情况来看，第三个原因是不存在的。我对积极心态做了宏观分析，而且明确了问题的核心。第二个原因也不存在，这是心态的问题，和自我认知相关。所以，唯一的可能就是我们弄不清问题内部的结构。

也就是说，我不知道积极心态的具体含义，不知道它有哪些层次，不知道它的影响，不知道它的最高处和最低处，那么孩子除了知道"积极心态"这四个字之外，还能知道什么呢？

我经过一天的思考，将层次、含义、影响、外延综合在一起，画出了积极心态环状图（见图 1-1）。

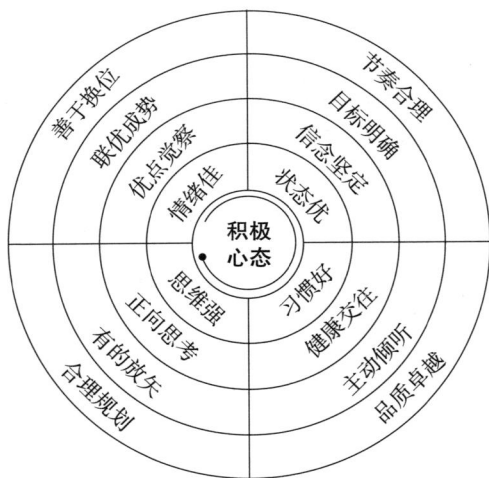

图 1-1　积极心态环状图

构建一个关于积极心态的内涵图，以环状图的形式呈现出来，就能给学生提供明确的方向，帮助他们从根本上解决问题。

2021年
9月 24日
陪孩子走过初三这一年
NO.18

九月，九年级的烦恼

初三开始后，西西就很不寻常。今天回家时，她的脸色又是阴沉的。我大致猜到其中的原因——数学老师在教学专用群里展示了几张考得较好的试卷，没有西西的。

我还没问，她就噘着嘴说：“这次英语试题也特别难！我觉得英语也考得不好！”我正在想怎样安慰她，她又说，“科学课也考试了，也觉得考得不好。”

她一脸苦瓜相，我倒很平静。不是因为我不在乎她的成绩，而是因为我太熟悉她的话语系统。她对自己要求很高，只要有一点做不好，就会产生深深的挫败感。说实话，我并不喜欢她这样的表达方式，可也习惯了。我的重点是如何引导她认识问题，而不是改变她表达问题的方式。

“赶紧去洗个澡吧，多用点热水，会让你舒服很多。累了一天了，我从你身上都感觉到你上完体育课后浑身湿透了！”她的注意力被转移了，不好意思地笑着去拿衣服。

我躺在沙发上，她洗完澡出来，过来靠在我边上。

“聊聊吗？”

“嗯。”

"考得怎么不好了？"

"我的科学才考了 35 分！"我正想说点什么，她接着说，"满分40 分。"

我刚想说还行，她又说了："换算成百分制，也不过 80 多分，这不应该啊。"

她叹了一口气："有道题目我选了 C，结果写成 A，还有一道题我也是可以做对的。"

"这样算你能考多少？"我问。

"正常应该是 38 分。"

"还有英语，错了两道选择题，两道阅读题。"

"没有别的错了？"

"那你还要我错多少？"她很不高兴地看着我。

"那我猜你这次数学考试肯定错得不少。"

她说："说真的，我觉得这份数学卷所有的题，我都会做。我这段时间的练习都是有用的。"

我装作捶胸顿足的样子，她总算笑了。

"如果得到的是责备，没有人会分享自己考试的感受，如果得到的是分析，我相信很多人愿意去探寻正确答案。"我的话让西西深以为然。

"换个话题，如果你只有一只脚穿鞋子，出门时，你会做什么事？"

"穿另外一只鞋呀！"她没有明白我的意思。

"可是，我看不到你这样啊。"

"什么意思？"

"你在一只脚上穿了两只鞋子，而另外一只脚却是光着的。"

"啊？"她还是一脸困惑地看着我。

"就是说，你在自己已经做得很好的地方还反复练习，比如，你已经很努力地刷题①了，还会更努力地刷题。可是你知道吗，你出错的原因，不是不够努力。你看，你会做的题没做出来，选对了答案却写错了，计算的时候又出现了小问题，这些是解题能力问题吗？"她摇头。我继续说："不是解题能力问题，却想用解题能力去解决，能行吗？"她若有所思。

"你有时候是心态不够好，消极了；有时候是身体扛不住，凡是周五考试，你就没有考好过；有时候是因为累了，或者没重视，才出现小差错。这是你没有努力吗？是你的解题能力不足吗？"我接着说，"只要你心态积极向上，多锻炼身体，你会发现自己遇到的这些问题会自然解决。"

"那怎么锻炼啊？"

这是在挑战我吗？还是对我的考验？我有点无奈，但还是咬咬牙说："我来，我准备陪你跑步，希望你运动的时候身边有我，你会更积极，体质更好！"

我的话已经说出口，我看了看自己身上的肉，除了咬牙，还是咬牙！

---

① 题海战术的一种，意为不停地做题，此处仅为反面举例作用。——编者注

每一次努力都是在追求一种成果

连续几天了，西西回家时，校服的后背都是湿透的。

"怎么了？这几天这么累呀？"我故作关心。

"初三的体育课呀……"她一副无言以对的样子，"每节课都要跑步，每天都要跑步，我们现在都把体育课当作跑步课了。"

话音刚落，她又补了一句："原来上体育课的快乐，现在都没有了。只有那几个项目，不停地练习，然后就是跑步。"

说完，她闭上嘴巴，生无可恋地看了我一眼，去洗澡了。我能体谅孩子们的想法。从参加工作开始，我就看着孩子们为体育中考努力，它的核心是男生 1000 米跑、女生 800 米跑。体育中考结束后，几乎所有的孩子都不想跑步了。当我劝他们"有空去跑跑，锻炼身体，为中考提升体能"时，孩子们总是说："反正不考试了，我们不想跑了，太累了。"我能体谅孩子们的疲惫。

一门学科，最可怕的是让上课的人对它毫无兴趣。

西西也到了这个阶段，怎样才能让她从有点厌烦体育，变成对体育有兴趣呢？

我想，让一个人真正接受做一件事，第一是靠兴趣，第二是靠任务，第三是靠价值。从它们对人的影响大小来说，顺序是反过来的。所以，和西西说说跑步的价值，可能会让她改变想法。毕竟对初三的孩子来说，理性地思考问题更重要。

晚饭后，我们有共同的时间，通常我们会用这段时间亲密地相处一会儿。

"如果是我，遇到这样的跑步训练，也会很疲惫。"我的话让她感到一些抚慰，"不过，我们能逃避跑步吗？"

她愣了一下，然后笑了："怎么可能？"

"逃避不了的事情，我们只能去面对和接受，这是一种生活态度。其实，未来你还会遇到很多逃避不了的事情，我们都只能去面对，是吧？"

西西是理性的，她看着我，点点头。

"如果在接受它们时还能得到点什么，那就更好了。所以，要学会积极地去看生活中不得不做的事，看看它们能给我们带来什么。"

她很安静地靠在我怀里聆听着，也在思考着。

"如果是我，我会看见 3 样东西，仅供你参考。第一，看见进步，我会把每一次测试的时间记录下来，看看自己在一周内进步了多少，一个月内又进步了多少，看看自己需要多久才能达到目标。第二，看见成果，我会懂得每一次的努力都是在追求一种成果，最重要的是，在这个过程中我能看到自己的坚持，而坚持是一种锻炼出来的品质，是真正的收获。当你学会坚持，你将成为最大的赢家。第三，看见影响，跑步不只是为了体育中考，更是为了你的身体健康，你需要健康的身体。就说近一点的，中考需要你准备充足的体能，这才是你真正的需要。"

她听进去了："**生活中，没有什么是没用的。如果能发现一件事更多的用处，你的人生也会更丰富。每个人的生活都差不多，不同的是不同的人会为自己的生活注入不同的内容。**"

说完，好久我俩都不说话。

第三章 | **10 月** |

带着积极的心态启程

SUN	MON	TUE	WED	THU	FRI	SAT
31					1	2
3	4	5	6	7	(8)	(9)
10	11	(12)	13	(14)	(15)	16
17	18	19	20	21	(22)	23
24	(25)	(26)	27	(28)	(29)	30

把日子过成纪录片

10 月到了，距离中考又近了一个月。

毕业班就是这样，一切以距离考试的时间来计划。越近中考，学生的焦虑感越严重，有的人会调整心态，让日子过得充实；有的人不会调整，心里一直慌慌的，不知道做什么。

每个月都应该设置一个主题，让自己清楚该做什么，该如何改善自己的状态。对初三的学生来说，每个月都应该有行动的重点。9 月的重点是适应，10 月则是为 11 月的期中考试做好准备。良好的状态和勇敢的态度，都很关键。

我们想带着积极的心态开启 10 月，乐观地度过 10 月，充实而不焦虑。

对西西来说，乐观地度过 10 月十分重要。她性格内向，动作较慢，过于敏感，需要用乐观的心态去推动她改变。

乐观不是傻乐，不是没有理由地盲目快乐。乐观是建立在一定基础上的，和自己做了什么有关，和身处的环境有关，和与周围人的关系有关，和经历了什么有关。

我想用乐观的心态为西西做一个 10 月学习表。

第一，每天要有一个小目标，以目标来推动任务。每完成一个目标，快乐就多一分，在这个过程中把自己的成功变成成长，把优点变成优势。人看多了美好的事，看到自己的美好，就更倾向乐观地看待问题。

第二，应该把关注人际关系作为一项任务。真正乐观的人会为自己创造好的环境。而要用好的环境影响自己，就要学会与人相处，懂得换位思考，多关注自己的内心，不纠结，拿得起放得下。人能否拥有乐观的心态会受环境的影响。

第三，应该有明确的措施。真正的乐观要建立在实践上。在行动中培养自己乐观的心态。

很多人劝别人乐观一点时，只是随意地提供几句"鸡汤"般的话，缺乏操作方法，所以对方只能短暂地得到安慰，仍然无法拥有乐观的心态。

其实，**乐观应该是一部纪录片，你可以从中看到自己的努力；看到自己成长和成功的样子；看到自己所处的环境，和影响自己的氛围；看到未来，看到那些可能发生的美好。**

乐观，是一种走向美好的能力。

做一点事情去改变现状

乐观并不是天生的。虽然很多人会说，有些人天生乐观，而自己没办法变得乐观。这样的人是悲观主义者，总是以此为理由，任自己生活在矛盾中，很不开心。

这些人有共同的特点：敏感、消极、情绪波动大。他们并不是一开始就这样，但带着消极的心态，随着经历的丰富，慢慢形成这样的性格。

所以，**对年少的人，不能苛求他们拥有多么好的性格，而应该引导他们乐观积极地看待世界，学习怎样与世界相处，才能看见世界的美好，拥有美好的心境。**

西西是一个很敏感的孩子，对自己的要求比较高，这导致她会反复苛责自己。而一个人如果过于关注自己和目标的距离，就会慢慢变得消极，总觉得自己做得不够好。这是悲观心态的起源。

要怎样变得乐观？靠等待是不可能的。

曾有一位老师，因行为不当被学校处罚，然后终日处于消极状态，总觉得身边的人在用有色眼光看她，认为学校在针对她，认为自己运气不好。这样持续了一个学期。

"为什么不和别人沟通，了解别人的真实想法；为什么不反思一下，是不是自己也有问题？"面对我提出的问题，她愣住了，良久，才说："也许，是我把自己逼到了角落，我没想过可以转身。"

"改变自己只需要转个身。小动作，大思维。"

我们停止了聊天，我想到了西西。

我对西西说："为什么你总在考试前焦虑，在考试中犯一些匪夷所思的错误？考试分数出来后，又懊悔得不得了！"

"嗯嗯，我就是这样的。"

"那你为什么不在考试前做好心理预设呢？"

"我做好了呀，我每次都告诉自己，要注意、要小心、要重视，不能犯低级错误。但是到了考试时又总出现问题。越对自己强调别出问题，越容易出问题。"

"那你为什么要强调呢？"

"不是要提醒自己注意吗？我可以不重视这些事吗？"

"不强调，不意味着不重视。强调了，也不意味着很重视。其实，你在强调这些事的时候，就像在给自己贴标签，告诉自己，我这里有问题，要注意。在考试的压力和时间的逼迫下，你的潜意识会告诉你，我这里有问题。而你一分神，问题就出来了。"

我看她听得很认真，就继续说："如果不强调这些了，你反而是在暗示自己这些事都已经搞定了。那么，你出错的概率会少很多。"

"那万一呢？"她还是不服气。

"担心什么万一啊？你对自己强调了那么多次都出问题。如果不强调还出问题，也不过是走老路，有什么好担心的？但是你这样改变了，不出问题了，你就知道这么做是对的了。你总要去尝试，去改变，然后才能看到自己的进步呀。"

"原来是这样，有道理！"她笑了。

"其实，换个角度看问题，行动上做一点改变，对结果的影响也可能是巨大的。蝴蝶效应是真实存在的，可以应用在人的成长中，**遇见问题时，不要担心，换个角度思考，改变行为，相信会遇见不同的风景**。就如我们站在山上，只要一转身，眼前的风景就变了，这就是移步换景。"

尊重孩子的想法，倾听孩子的心声

西西和几个同学按照科学课老师的建议去小博家里做科学实验并录像。小博是一个颇懂人情世故的男生，他邀请西西和同学在他家吃午饭。

西西接到邀请后，和我说："小博让我们一起在他家吃饭，你认为呢？"

我笑了："怎么啦？你想去就去，不想去，就礼貌地回绝吧。"西西笑了笑："我懂了。"

西西委婉地表达了拒绝的意思。

过了一会儿，小博妈妈又很客气地发来邀请，我只能说："孩子说了，谢谢您的好意。"

小博一家待客热情、很有礼貌。但我想尊重西西个人的意见。

一个孩子能否尊重别人的意见，通常要看他在日常生活中是否得到过尊重。总是被否定、不被认同的孩子，是没办法意识到自己应该尊重别人的。

为了培养乐观心态，处理好人际关系，应该参与一些活动。通过参与活动，我们能和别人交流思想、建立关系，是没有问题的；但如果是为了处理人际关系才参加活动，就有问题。

人被他人接受、喜欢，往往不是因为他具备某些能力，而是因为具备美好的品质。

有位老师，不会奉承、沟通能力一般，常因为说话太直接而得罪人，但仍有很多人对他评价很高，愿意和他做朋友。因为他真诚、踏实、守信。人被他人接受，本质上说是因为他的品质得到了认可，而不仅仅是他做了什么事。

每个人在表现自己的时候，也在看别人的表现，每个人都有自己的判断，这些判断又决定了人们各自的行为。目标是否能够带动一个人的成长，关键看它是为了成长而设还是为了功利性目的。

西西遇到的是一个特别小的事，却让我想了很多。原因在于，我一直在思考，孩子的成长是不是一定要跟着长辈的思路走，是不是每个人都听过长辈说"我走过的桥比你走过的路还长，我吃过的盐比你吃过的饭还多"。缺少对孩子的尊重，不让他们自行判断，他们还会看见自己的作用吗？

忽然明白了那句"人生不容易"。其实是成长中的人生真不容易。但愿我的这些思考，会成为西西成长的印记，而不是妨碍西西长大的桎梏。

月考成绩出来了

月考成绩出来了。

西西刚洗完澡出来，她妈妈就一脸无奈地看着她数落："这次月考又完蛋了！我真的要把手机上的'小红书'给卸载了！你天天看它怎么能考得好呢？学习要专注，你都上初三了呀！你不想读书的话，就不要读了！"

"怎么可能？"西西也被自己的成绩惊呆了，但妈妈的话激怒了她，"不读就不读！"说完，她赌气躺在沙发上，背着身子，闭着眼睛，不说话了。

她妈妈愤怒地转身走了。

我坐在靠椅上看她们的战争突然爆发，结束得也很突然。妈妈去洗衣服了，估计已经发泄完怒气；西西则自我疗伤，估计这会儿任何安慰她都听不进去，甚至还会号啕大哭。

我很明白她们在说什么。西西觉得自己很努力，月考应该有大的进步，但现实却相反；妈妈觉得女儿平时看"小红书"花的时间太多，学习不够努力。双方都站在自己的角度上发泄情绪，造成这样的局面，需要我收拾战场了。

我叹了口气。

大约过了 15 分钟，西西的妈妈消气了；我从西西的呼吸声听出，她也进入反思状态。

"女儿，可以回来学习了！"我道。她轻轻地"嗯"了一声。

我假装没有听见："赶紧的，起来加油了！一起面对问题吧！"

我给了她台阶，她反应也快，很自然地坐到桌前。从她的表情来看，她已经缓过来了。

没想到，西西坐下来才两分钟，她妈妈就再次走过来，把几份从网上下载下来的试卷甩在她面前。我一愣，不知她什么时候准备出这么一堆试卷。再一看，都是什么"中考冲分技巧""中考考高分"之类的试卷，也不知道她是否知道这些试卷是什么版本、内容如何、是否出自温州本地。很多家长只要看到试卷和中考有关，就不会放过。她妈妈估计是看西西缓过来了，以为可以给她"上刑"了，就冲着西西说："你以后要听我的，今天先把这些给我做了。每次给你这些试卷你都不看，你怎么考得好呀！"

"这些又没用，不知道你从哪里弄来的，我怎么做啊！"西西委屈地喊起来，眼泪滚滚而下。

母女战争又一次在我面前爆发了。

"唉……"我长叹一声，给她妈妈使眼色，让她赶紧走人，接着试着转移话题，对西西说："你看这个茶杯，它代表了你，这个水杯代表问题，这个订书机代表我，你觉得我应该站在哪一边呢？"

她泪眼蒙眬地看着我，思路被我带走，不知道我要讲什么。

我又开始说："如果说，我和水杯站在一边，就代表我和问题站在一起面对你，我会对你说，你怎么考的，到底怎么回事，还能不能考好呀？相反，如果我和你站在一起，我会对你说，遇到问题，我们可以一起解决，我和你在一起！"

她带着泪笑了，指了指茶杯。

"那好，如果我们一起面对问题，我们先要思考我们在考试中到底遇到了什么问题，它们的根源在哪里。把你这次的试卷给我看一下吧，我要看看你失分的地方，看看哪些是必然失分，哪些是遗憾失分。"

好家伙！这次考试中，不应该出现的失分是有点多，几乎每门课都是这样，而且几个有难度的题目她都做对了，一些能做对的题目却做错了。比如数学试卷里有道关于二次函数对称轴符号的选择题，她直接丢了4分。我将这些分数加到一起，她没有异议，加完，她的总分已经升到学校的顶尖水平。

她沉默了。她以为的努力，经过这样的分析，变得苍白了。

"你不是不努力，只是你的努力出了一些问题。我肯定你的努力，也认可你的能力。你是可以发挥出最好的状态的，但是你没有发挥出来，为什么呢？我能说说我的想法吗？"我故意征求她的意见。

"嗯。"

"比如说，你总想在放松的时候看'小红书'，然后提出各种买东西的要求。这叫作心散，导致你会在一些小问题上失分，你不够专注。你要追求的是卓越，不是普通的优秀。对你来说，确定了目标，就要有配得上目标的行动，否则你就永远达不到目标了，对吗？"

她听进去了，很专注。

"妈妈的着急你应该可以感觉到。妈妈想表达的意思和爸爸的是一样的，只不过，妈妈选择了用另一种方式来告诉你。无论如何，我们都是爱你的，都是在帮助你。你要学会和妈妈沟通和相互理解，而不是用彼此的情绪打架，那样爸爸就受苦了！"

她不好意思地笑了。

我不动声色地把妈妈打印好的材料看了一下，然后说："这些试卷要拿给老师们看一下，得到老师认可再做吧，不要做过多的题。"她点点头，把试卷收起来。

接下来的学习，我陪着她。整个过程，她特别专注。

每一次考试都是一次对心灵的考验，更是对我们看问题视角的考量。作为家长，更多的时候要将考试作为载体，而不是结果，看看考试能让我们得到什么，或者改变什么，不要因为结果不佳发泄没有意义的情绪，而要找到考试的价值和意义。

目标和行动之间的关系

早晨我和西西一起去学校，我对西西说："虽然考试结束了，结果也出来了，我们也对结果有了共识。但我觉得我们还要聊聊，反思一下再行动。"

"反思什么呢？"她好奇地问。也许她觉得昨天晚上的讨论就是反思。

"我不打算和你聊反思的内容，那是你的任课老师的事，而且经过初中这几年，你对自己问题的认识已经十分到位了。这次要反思的应该是如何将思考化为行动。不能让想法总待在大脑中，重要的是用行动表现出来。根据我对你的观察，你目前的行动似乎跟不上想法呢。"

西西不好意思地笑了："我觉得还好吧。虽然这次语文没有考好，但是我每天确实做到了保证做一定的阅读理解练习。"

"那就是行动上存在一些问题。不能只抓住行动两个字不放，还要知道怎么行动，分步骤行动起来，行动到位。"

"嗯，懂了。"

"你好好想一想，今天下午咱俩再聊一聊。"

"好的。"

我不知道经过一天的忙碌后，针对行动的步骤，我们到底会谈什么，不过我觉得自己还是应该做点准备。

下午放学后，我们聊了起来，但话题好像跑偏了。

"来说说行动吧，你想了一天，准备怎样行动？"

"我觉得自己够努力了，我也不知道该怎么办。"

我换了个角度和她说："有道简单的数学题：一个人打鱼，一网可以打上来 100 斤，但是他想打到 1000 斤，请问很努力很努力地打一网，他就能打到吗？"

"这怎么可能？最多也就打上 150 斤吧。"

"这个人傻在哪里？"

"他想用打 100 斤鱼的方式打 1000 斤鱼，这几乎不可能。"

"我也觉得是，想打到 1000 斤鱼却只想用打 100 斤鱼的力量。他要的那么多，却不想有相应的付出，对吧？"

"是呀！"

"那我们回到你的学习问题上，你想考入温州中学，却只用考入非重点高中的态度去学习，哪能考入温州中学呢？"我问。

她有点支支吾吾："这个……"估计她没有这样想过吧，但她一下子就明白了。

"那天，我和小张谈话，我问她，为什么要去参加明星线下后援团的活动。她很委屈地告诉我，自己其实很努力，还上了托管班，想变得更好。如果给你一个机会，你会问小张什么问题？"

"嗯……"她迟疑。

"结合我刚刚说的话，你想想看。"我提醒道。

"你到底要什么？"她说。

"说得好！就是'到底要什么'！我们一定要明白，自己到底要什么，定了目标就要有相应的行动，绝对不能放松，不能用普通的行动去解决大问题。所以，人要经常想一想自己到底要什么？知道自己要什么后，才能有针对性的行动。今天开了个头，明天我们再谈谈什么是具体的行动，好吗？"

"嗯，好！"

从晚上的自习能看出来，她的学习状态不一样了，我很期待明天的谈话。

目标让我积极

初三最难的不是没考好，而是等待考试的日子很煎熬，让人一直处在焦虑中。这个月，我想在教会西西保持乐观心态的同时，明白积极乐观的根源是什么。

沉重的压力、慌乱的情绪和对未来的茫然是导致人消极悲观的最主要的三大因素。我关注西西，既想看到她的问题，又不想看到她的问题。想看到，是因为我要尝试解决问题，不想问题被隐藏起来；不想看到，是因为我希望她变得更好。

西西并不悲观消极，我不是在炫耀，只是思考为什么会这样。破解问题的前提是看到问题，倘若看不到问题，也不知道是不是有问题，那才是最可怕的。这可能就是过度平静带来的危机感吧。

清晨，和西西一起等车。我假装对"无聊"的她进行采访："西西，我特别好奇，你读书累吗？觉得读书有意思吗？想过放弃吗？"

她很奇怪地看了我一眼："你在说什么？"她眼神里的疑惑让我觉得自己很白痴。可能她想说："怎么可能？不会吧，我怎么会那样？"

我还是按捺不住好奇："为什么你不会有这样的情绪呢，为什么遇到困难还要一直前行呢，为什么你总是主动而积极，从不消极和悲观呢？"

她沉默了一下，刚想说点什么，车来了。

上车后，我继续问她："到底为什么呢？"

可能因为车上有人，她不想和我探讨属于自己内心的话题，闭嘴不说。我也没有强求，和她默默地乘车，偶尔开个小玩笑。

下车后，还要走4分钟才能到学校。我们可以在这个时间"探讨"，我好奇心很强："你还没有回答我的问题。"

她迟疑了一下，"可能是因为我每天都太忙了吧，总是在完成任务，哪里有时间消极和悲观啊。一直在做事情，没有停下来，有时候也累，但是该做的事总是要去做的，所以就没有去考虑这些了。"

她说得很简单，但我不这么认为。我说："我和你分析一下，你为什么会相对乐观，为什么不会有消极和悲观的想法。我只是想让你知道，自己好在哪里。人生还长，未来你陷入迷茫时，今天的分析可能会为你指出方向。"

"你看，你有三个突出特点。第一，你知道自己要做什么，这是目标明确；第二，你知道自己要怎么做，这是做事有计划；第三，你有能力实现你的小目标，这是做事有成就感。所有这些都给了你动力。自从我们定下目标，我经常感受到你学习时的坚定。遇到困难，你从不放弃，无论怎样你都能让自己站在新的起点去面对问题。而且，我很高兴地发现，你有许多小计划，你会把事情安排得很好，每个阶段都知道自己该做什么、要怎么做。这实在是个好习惯，你不会让自己空虚慌乱。此外，你能分解目标，不会因为暂时达不成目标而难受，这对调整情绪有很大的帮助。总的来说，**你唤醒了你自己，这才是你能积极面对困难的关键。**

"我和你说了这些，我希望你记住一句话，它很重要——目标让我积极。每当你觉得有点累的时候，你就重复这句话，相信你会从内心涌出力量，支撑自己向前的。"

4分钟的路很短，一下子就走完了。我又补了一句："你看，今天咱们走路特别快，一下子就到学校了。那是因为我们沉浸在讨论中，如果学习也能这样沉浸而专注，你也会觉得时间过得很快，生活也会更加充实！"

　　她眼神专注，我知道她在思考。我们应该都是这样成长的吧，彼此促进，彼此帮助。

银把金给"置换"出来了

周日晚上，我匆匆从外地赶回家，因为答应了西西，要陪她去吃粤茶点。我家附近新开了一家店，卖粤茶点。她从广州回来后，对烤乳鸽念念不忘，我偶然发现了这家店，还办了会员卡，准备找时间和她一起去。

因为赶上吃晚饭的高峰，要排队等餐位，但看完菜单，她毅然决定等。她一边拿着语文书背"鱼我所欲也"，一边在店门口瞧着从里边出来的人。开始吃饭之后，她心里的一切都被美食替代了。虽然她说这里的茶点不正宗，但是无论是烤乳鸽还是红米肠粉，她没有放过任何一道菜。

我们吃饭时，总是少不了聊聊她当下的学习和生活，今天也是一样，不自觉地聊到了她的考试状态。

我说："考试就是把自己能做对的做对，我们不需要奇迹，不需要自己苛求自己。"

西西接了一句："我就是能做对的没做对呀！"

她妈妈没忍住："哪有你这样的？"

我拍了西西一下："好好说话！"

"真的呀！目前我就是这样的状态，你不知道吗？"她笑着说。

"其实，你的问题很好解决。只是你平时不往这个方向努力，你无非就是每次考试时，都过度疲惫，心情烦躁。"我说。她点头，她知道我很了解她。

　　"如果你是学习方法、策略、态度、持久性等方面出了问题，改变起来就需要一个过程了，而且不知道能否成功。但是你现在的问题不过是体力和情绪的问题，只要你能够坚持锻炼，增强体质，用良好的状态面对考试，不慌乱，就可以了。"

　　"可是，跑步太累了！而且，有时候我不知道怎么调整情绪。"

　　"没事，接下来，爸爸陪你吧，每天我们俩一起跑步，锻炼身体，一起调整状态；至于情绪，很多时候也是因为受身体状态影响，体力跟上了，做什么都有劲儿，情绪肯定平稳。"她默默地点头。

　　周一上午，我们都很忙碌。她坐在我对面，看起来有点无精打采。我便开口说："I have a dream……"，她随口接下去："马丁·路德·金呀……"

　　"有一天，我在路上遇见了马丁·路德·金，然后对他说，'我是马丁·路德·银'，我们……"我编起故事逗她。

　　她非常配合地接上一句："于是马丁·路德·银就把马丁·路德·金置换出来了……"

　　"这是什么跟什么？"我一脸困惑！

　　"其实马丁·路德·铜和马丁·路德·铁也能置换金……"她任想象力发挥，我蒙了。

　　我们的对话从"历史与社会"开始，到化学结束，我有点跟不上她的想象了。但是，看着她的笑，我也莫名地开心起来。这不就是我想要的古灵精怪的她吗？我还何须担心她的情绪问题呢？

　　乐观和积极，从来都不仅仅是一种心态，还包括心态带来的行为。

西西在进入初三后，虽然在考试时会出现各种失误，但她开始学着从另一个角度看问题了。我本想将下个月的重点设定为培养她乐观积极的心态，没想到她已经渐渐地进入状态。

真是值得开心的事。

我们可以这样面对问题

　　西西在家校联系本上写了一段话，大意是自己在双休日学习效率比较低，总会因无谓的事情浪费时间，有时候情绪也会被影响，导致自己虽然每个双休日都想好好学习，却总是找不到状态。

　　在家里，我们总是在餐厅学习，我们俩分坐在餐桌的两端。西西的妈妈走动多了，也会被我们制止，我和西西都习惯在完全安静的环境下学习。双休日的大部分时间我都外出去讲课，西西和妈妈两人在家，西西的妈妈不了解西西的学习状态，所以每次双休日，西西几乎都会出现一些小问题。

　　我不能制止她妈妈的行动，也不能谈这个话题。她们站在不同的角度，有不同的任务，肯定会相互影响。

　　我给西西写了一段话："也许可以这样面对问题，当处在干扰过多，短时间内扛不住的时候，你可以找一个空间，安静地待在那里，你可以去书房，给自己安排时间，在计划好的时间做该做的事。"

　　又到了双休日，我外出回来，刚想进书房，就发现书房门紧闭着，门上还贴着一张纸，上写"上课中，请勿打扰！"。这是什么情况？我蒙了。再一看，边上还有一张时间计划表，每一个时间段都有对应的任务。

西西把每一个空闲时间都安排成自习课，每过 1 小时有 10 分钟休息时间。

我没敢开门，从厨房的窗户"透视"到她在书房的样子，她很专注、很认真。

一会儿，她出来了，惊喜地看着我："你什么时候回来的？"我说："在你专注学习的时候回来的。"

她抿嘴一笑，转身把门上写有"上课中"的纸给翻过来了，变成"休息中"。原来，这是一纸两用呀。

她说，这样做除了能给自己心理暗示，还能规范自己的行为。

"那你不觉得累吗？感觉自己还在学校一样。"

"还好吧，我觉得这样让我更有学习的动力！"

"只要你能适应，我就没问题！"我笑着说，"不过，我希望你能增加两个项目，一是休息，二是锻炼。"

"能不能就多一项休息？"她面露难色。

"当然不行！对你来说，锻炼真的很重要，它将改变你的整个状态！"

"好吧。但是我真的不知道该怎么锻炼，在什么时候锻炼。"

"不就是时间和方式的问题吗，没事，我来安排。我和你一起！"

"嗯嗯！"她还是乖巧地答应了。

在学习上，她慢慢地有了自己的主见和安排，我很放心。我还希望她能为自己的健康做相应的安排，这也非常关键。

这几天，我和她在放学路上的沟通越来越多，我忽然发现和她一起骑车也很好玩。再过一段时间，可能这样的日子就成了我的奢望。孩子慢慢长大，我们慢慢变老。应该趁现在，做好该做的事。难怪很多家长说，**陪着孩子长大，是多么幸福的事情**。其实孩子本身往往没有多大问题，真正有问题的大多是家长。遗憾的是很多家长意识不到这一点。

不行，就是不行

西西要参加重庆"星教师"举行的学生论坛，论坛从暑假开始持续到 11 月，但我们得到消息，说是论坛从线下转为线上了。原本期待的品尝重庆火锅，去武隆天坑、沙坪坝玩，都无法实现了。她的心情一下子黯淡起来，但活动任务还是要完成的。

我们需要拍摄一个演讲视频，为此我们讨论起来。

首先是内容，我们已经修改了一暑假，一部分内容是关于为初三做准备的，现在西西已经升到初三了，这部分内容就需要调整一下。我觉得只要改几句话就可以了，但西西一定要大改，她的要求实在有点高。

我需要联系君益的妈妈，让她辅导一下西西的演讲。暑假时，经过她的辅导，西西有了脱胎换骨的表现，她在教师节上的发言，让老师们大感惊艳。西西很信任君益的妈妈。我想让西西多练习一下，我们的观点是一致的。

其次是服装，学校有学生正装，非常好看。但是西西认为这个活动又不是在学校举办，她不想穿校服，坚决要换服装。暑假时准备好上台穿的服装，因为天气的原因不能用了，她却觉得可以。女生的爱美在这个时候表现得淋漓尽致。我们两个人"争吵"了一路，也没有明确的结果，只能等到晚上和她妈妈一起开家庭会议了。想到她追求完美的性格，我有点焦虑。

最后是拍摄，主办方给了我一段往年的拍摄模本，一看就是在家里用手机拍的。西西一边看一边点评："不行，头太大了；不行，没有背景；不行，服装太简单了；不行，整个都不行。"

我听晕了，反问："那要怎么做才行？"

"服装要改变！"她又绕回来了，"不能把头拍这么大，而且不能在家里拍！"

我早有准备："我已经联系了拍摄团队，租了两个机位，下周一我让他们来学校拍，借用学校的大会议室，用 LED 作为背景，好不好？"

"这还差不多……"她嘟囔着。

"什么？"我故意瞪眼。

"我挺满意的！"她赶紧回答，"就应该要这样的！"

"你呀，"我点着她的小脑袋瓜，"你这么追求完美，你爸爸会累死的。"

"嘿嘿"，她得意地笑了。

大家都说，要求高的人会累。可是，这只是要求不高的人对要求高的人的看法，要求不高的人无法理解要求高的人的世界。

要求高的人有自己的幸福。道理很简单，他们在付出时也总是知道自己要什么，而不付出的人往往不知道这一点。

"乐观之月"的总结

这个月说长也长，说短也短。我们在寻找与以往不同的感觉，内心却平静了很多。我相信，生活有了方向和目标，有了规划，就会让人内心平静，不容易觉得空虚。

西西在这个月的状态，明显在改变，可以用"四个一"来概括。

一个目标。乐观的人生需要有目标来导引。西西给自己确定的目标一直很明确，我从她的表现能感觉到她从来没有放松过。说实话，我多次思考这个目标的合理性，我始终坚信西西是我见过的最自觉、最努力的孩子，如果这样的孩子都会放弃，那么其他孩子怎么办？现在她没有达成目标，也许是时间问题，也许是我的问题，我想对此进行调整。

一种态度。遇到困难时以什么态度面对，体现了一个人内心是积极还是消极的。今天，西西的数学考试又考砸了，我已习惯了她在周五考砸数学。数学常在周五考，她的体能撑不住。所以，得知自己考砸的时候，她给我打电话，话音里没有一点点难过，还笑着说："反正不是第一次，我能扛得住。"我能感受到她内心的强大。她不是无奈，而是不甘心，是对自己有要求。我也能看到要求她保持心态积极的效果。人就应该在这样的过程中成长。

一个方法。解决问题不能总靠情感激励，要懂得用合适的方法解决问题。想乐观地看问题，积极地面对世界，本来就需要找到问题的解决办法。西西遇到问题时，不只是简单地给自己鼓励。她的家校本上有各种计划和反思，有她针对自己的问题做的分析。我还在家里的书桌上看到她为了弥补不足准备的资料。不过，她的学习习惯与个别学科的特点出现了一些冲突，需要做一些调整。比如她过于细致，十分重视对细节问题的订正、描述，但是学习需要同时关注整体和细节的问题，过于专注细节问题，会影响到她的整体理解能力。我在思考，如何引导她建立更高的视角，从整体上思考问题，这是接下来要做的重点。

　　一个方向。拥有乐观的心态，并不意味着人总是快乐的，而是懂得在不同的情况下保持积极向上的心态，清楚自己努力的方向。快乐时可以和别人分享，尽情释放快乐的心情；不快乐时能够调整心态，尽快找到快乐，改变自己的状态。晚上我和西西沟通，发现她没有准备好下周一要拍摄的视频的内容，我非常不客气地在车里呵斥了她。在她下车时候，我冷冷地丢给她一句话："你对自己的事都不在乎，我努力又是为什么？"她不开心地走了。但重新上车时，她笑嘻嘻地看着我，接过我为她买的奶茶，又开始黏着我了。换成以前，这是不可能的，也许这就是她懂得了如何面对问题吧。

　　如果不能安静下来陪在一个人的身边，是无法看到他真正的改变的，他也不会觉得你真的在意他。很多家长居高临下地看着自己的孩子，对孩子指手画脚，又对人诉苦，说自己的孩子怎么怎么不听话。其实他们不是在教育孩子，而是在指使孩子。他们不是在培养一个人，他们需要的只是一个听话的工具人而已。

第四章 | **11 月** |

所有悲伤的背后
都有快乐点

SUN	MON	TUE	WED	THU	FRI	SAT
		1	2	③	④	⑤	6
7	8	⑨	10	11	12	13
14	15	16	17	18	⑲	20
21	㉒	㉓	㉔	25	㉖	27
28	29	30				

10 月的闪亮

乐观之月——10 月结束后，西西妈妈看着墙上的月份卡说："唉，这张卡片只适合在墙上，你付出了一个月的心血，对西西来说，好像也没有什么用呢。"

我看着在书房里背英语的西西，赶紧制止她妈妈的话："你瞎说什么，谁说没有用，这个星期她的状态和反思已经说明这是有用的。"听我这么说，西西的妈妈吐了吐舌头。

我拿出了一张照片，是西西家校联系本上的反馈，其中有一句话写道："在 10 月的日历上，我对自己写下：认认真真地过完一周，希望可以完成，同时……"

这就是她在 10 月树立的信念。虽然说并没有所谓的"乐观"的字眼或积极的状态出现，但是她表现出来的那种有信念且很坚定的样子，确实让我看到了很多。

晚上我和几个朋友约了夜宵，陪西西学习到八点半，我整理了一下，准备出门。我和西西的妈妈悄悄说："等我出门之后，你找个时间和西西说几句。"

"说什么？"她有点蒙。

"你就说，刚刚爸爸外出之前特地和你说了，近来她表现得特别好，很坚定，有信念，学习起来表现出一种很强烈的坚持到底的状态。我无论作为爸爸还是班主任，都对她十分满意。然后你说，我就是和你说了一下，就出去了。"西西的妈妈一听就明白了，笑了。我补了一句："这个阶段的她，很累，压力也很大。任何表扬都会是她的动力，而指责会变成伤害她的刀子。"她点点头，表示自己懂了。

表扬一个人，最好的方法有两种：一是在众人面前表扬，二是在背后表扬。在众人面前的表扬有放大的功效，扩大了表扬的范围；背后表扬则能让对方感受到真诚，强化了表扬的可信度。这两种表扬方法，可以让孩子们知道，表扬是发自真心的，是可以信赖的。

从更深的层次来说，其实表扬不仅表示了一种欣赏，更满足了一个人想得到尊重的需要。从马斯洛的需求原理来看，人对被尊重的需要是最后生成自我实现的基础和动力。对西西来说，她所有的努力都值得表扬，除了偶尔做事会拖延，西西没有什么让我们"嫌弃"的地方。几年来，她的成长、成熟的速度让我们惊讶，也让我们惊喜。

一个孩子的成长靠的不仅是她的天赋、努力、她的人生目标等，还有她成长过程中那些环境要素，包括家庭、学校、同伴，以及她在这个过程中做的事，这些一起构成了成长的完整意义。

11 月的 "快乐的点"

　　我把 11 月的主题定为 "所有悲伤的背后都有快乐的点。"，并做了一张日历卡。

　　11 月是 "乐观之月" 10 月的延续。所谓乐观，无非就是找到生活中让人感到快乐的点。不仅要在成功中找到它，更重要的是在失败中、在悲伤中找到快乐，这才是乐观的核心。

　　11 月有四周余两天，这四周其实是四个阶段。

　　第一周，做准备，做面对自己的心理准备，所以这个月的目标有看见悲伤、确定自我目标、为自己做心理暗示、自己判定事情等。这些都是寻找快乐可能性的基础。

　　第二周的重点是 "发现"，解决问题的前提是发现问题，要学会在问题中发现自己的闪光点，这种思维方式是反直觉的，难度较大，不过这也是这个月最关键的部分。只有学会在问题中发现闪光点，我们犯下的错误、遇见的问题，才有价值。

　　第三周的重点是保持积极的心态，长时间做同样的事或一再遇到困难会影响人的心态，难免令人消极。这个阶段不仅要化解消极的心态，更要引导自己积极起来，建立起良好心态。这不仅是一种心理建设，更是摧毁原有的思维方式并对自己进行的重构。

第四周是升华，是对前三周的总结，需要对问题有理性的、抽象的认识。

这四周每一周的任务都不同，我会用具体的语言引导孩子思考，帮助孩子找到快乐的地方。

西西说，日历卡是一种成长的脚印。是的，它能让你看见不同时期的自己的样子。我说，这就是——让你的成长看得见！

看尽了细节，看不见结局（一）

西西做英语的阅读理解题，有时候一篇文章能错两道题；做语文的阅读理解题，有时候一道十几分的题她只能得到几分。而她的英语和语文明明有实力考到全班第一，但现实的残酷让她无能为力。她很难过，我也帮她寻找问题所在。

我咨询了她的任课老师，发现问题都出在对文章的理解上。通过她和老师的讨论以及向我的说明来看，我发现她有一个"很大"的问题——过于纠结文章细节，忽略了从整体上把握文章。文章中有几个单词她很陌生，有几句话她看不懂，她就会开始焦虑，其实这些小"细节"未必影响对整篇文章的理解。而且每篇文章都有解题的提示或线索，她却没注意到。所以，每次考试，她都会出现类似的问题。

我想找个载体和西西讨论"准备怎么做"。这一次，我不想谈学习，而是想和她谈谈班级，作为班长，她应该有话想说。

我问她："学校要开运动会了，这作为你们初中阶段的最后一届运动会，要给大家留下深刻记忆，你会做好哪些事？"

她想了想，写下五件事：（1）管好班级纪律；（2）给班级运动员最大的支持；（3）完成自我突破；（4）学习运动员们的拼搏精神；（5）留下深刻回忆。

我看了一眼："不对呀，你写的大部分都是关于你自己的，我要求你站在班长的角度做计划，你是班长，应该有班长的思维呀。"

她不服："你看前两点不是站在班长的角度写的吗？"

"但是，我要求的是你站在班长的角度，统领全局地去思考问题，这样才能有好的结果。你还是站在班长的角度思考一下吧。"

一会儿，新的答案出来了：（1）带领大家拿到精神文明奖；（2）带着全班同学去滨江校区参观；（3）加强团队建设，培养合作精神；（4）加强集体荣誉感建设；（5）为运动会团体成绩尽自己最大的努力。

两次的答案都过于具体。我的本意是让她从宏观的角度去思考，规划好运动会要做的事情。我想以"深刻记忆"为主题指定她的努力方向。但是我从她的反应中可以看出，她的重点偏向了"运动会"，而不是"运动会的深刻记忆"。过于关注细节会让人忽视主题，造成理解的偏差。她在阅读理解题方面的很多问题，都是这样产生的吧。

吃饭回来的路上，她主动说起了考试，上午考的是英语，从她轻松的表情中可以看出，她考得不错。果然，她得了 96 分的高分，对自己满意了许多。我又重复一句和她说过的话："你本来就可以考高分的，你的能力已经达到了，只是还有一些地方需要调整而已。"

确实，换个角度看问题可能会理解得更好。

看尽了细节，看不见结局（二）

从关注微观到拥有宏观思维不是一时半会儿就能做到的，需要在恰当的时候训练。我准备给西西写一封信，完整地和她沟通一下，看看是不是对她有启发。

西西：

今天这封信，和以往的不同。以往是在某个节日，或者某个阶段，或者你遇到了某种问题的时候，爸爸会给你写信，今天的这封信只想单纯地和你说一个概念——宏观思维。

当然，归根到底还是因为你在学习中出现了宏观思维不足的问题，它导致你做阅读理解题目经常会出错。今天中午去食堂时，语文老师对你说，近来可以少做点笔记，多听课、多思考。有些内容忘记了也没有关系，总有复习的时候，总有想起来的时候；可思考得少了，思维就有局限性了。没有一个老师会建议学生别认真学习，老师的意思是让你调整学法，这说明你的问题被老师关注到了，这是好事。有了老师的帮助，你会调整得更快、更有效。

语文老师的观点和我的一样，你需要进一步提高宏观思维。什么是宏观思维呢？就是看问题时不要只看发生了什么，还要思考为什么会发生、会有什么影响。即站在更高的角度去思考，看看到底发生了什么、事情发生前后有什么不同。像这样研究事情发生、发展规律的思维方式，就是宏观思维。

它的好处，是让人能用全局的视角看问题，具备大局观。拥有这样的思维，再加上你一直以来对细节的敏锐，你一定能更好地分析和解决问题。

一般来说，培养宏观思维，需要在生活中注意思考以下三个方面。

第一，一共有多少要点。

在日常的学习、生活中，思考问题时要多问问自己，这个问题有多少要点？用概括的方式了解全局，获取想要的信息。一定要相信，在一段材料中，不同信息的作用是不同的，有的是主干，有的只起修饰作用。

第二，还有其他可能吗？

每次完成任务或思考完解决方法后，一定要问自己，还有没有其他可能。尽可能想到更多的可能，思考更多的解决方式。这看起来是在探索可能性，实际上能让人更加全面地思考问题。

第三，结局可能是什么？

预测结局是培养宏观思维的关键，需要立足于原先的对可能性的思考，推理出它们的发展结果。宏观思维需要关注事情从头到尾的发展过程。

这封信，只是让你学会如何思考问题，不管结果如何，思维方式的改变，会帮助你成为更好的自己。

她应该会好起来的

"她开始好起来了！"英语黄老师对我说。我知道她在说西西。

大家看着西西现在的状态都很难受。最近的几次考试，西西把很多会做的题做错了，不知道怎么办。虽然我一直很冷静，对西西的考试分数也不太在意。但老师们有点焦虑，总对我说："西西的能力有，水平也有，为什么每次考试都会出现一些意想不到的问题？"

"是不是特别慌，考试时很紧张？"已经不止一位老师这么问我了，其实西西是不紧张的，但是我直接这样回答，老师们肯定不信。

所以，我趁几位老师都在办公室，就给他们讲了个小故事。我说："我们不是每周五都有数学考试吗？每次考完还要做优秀学生排名。虽然西西在一些大型考试中没出什么大问题，但是在日常考试中，她经常排名靠后。每次看到这样的结果，我都会逗她，'西西，怎么又考砸了'？如果她紧张了，就会找原因，或者提出各种要求。但是，她总是这样回答我，'担心什么，又不是没考砸过'。她的样子，让人'恨'得牙齿痒痒，却又有种莫名的开心和放心。"

老师们一听，都笑了。黄老师说："如果是这样，那我们就不担心了。她应该正处在调整期。"

我说:"她的学习方式有点不同,很多人都是跟着老师的思路走。而她是重构自己的思路,很多次我发现她在按自己的方式调整学习状态。我不打扰她,也不影响她,更不用自己的方式去替代她的。我觉得她的方式,就是'内化'的过程。通常,过一段时间后,她都能逐渐往好的方向发展,只是慢一点。没事,时间还有,不着急,给她足够的时间,相信她会更好。"

我向西西转达了老师们的意思,她若有所思。我说:"你知道老师们的心意吗?"

"嗯。"她没有多说什么,她的眼神告诉我,她懂。

每个孩子都有自己的特点,望子成龙、望女成凤的心每个家长都有,每个家长也都期待自己的孩子出色。但是,孩子的成长是系统工程,除了孩子自身的努力,还会受很多方面因素的影响。孩子的成长需要我们看见孩子们正在寻找最适合自己的方式,一点一点地改变自己、成就自己。

陪着西西长大,我也慢慢理解了她。家长所有的焦虑和着急,都会慢慢变成对孩子的理解和认同。所以,我们经常会发现那些能做到陪伴孩子的家长,会逐渐懂孩子,孩子也会越来越好;而不愿意陪伴孩子,并试图通过其他方式获得教育成果的家长,却变得焦虑和无奈。很少孩子会辜负父母的用心;父母若不用心,也就不能期待孩子长成自己期待的样子。

换个角度找快乐

初三的孩子是真的累，一天在校时间将近 12 小时，孩子们的活动时间很少，有的孩子甚至除了上洗手间，一直坐着学习。

昨天西西让我帮她按腰，我心疼地按着，劝说她："不需要这么长时间坐着学习，多起来活动一下吧。"

"那么多作业怎么办？有那么多题要做，每天都一节课接着一节课地上，根本没有空闲。我连喝水的时间都没有，而且因为注意力太集中了，我总是高度紧张，放松下来后，我浑身都疼。"

我有一种深深的无力感。这种感觉，可能只有身在教学岗位，还有身处其中的人才能明白吧。

今天看期中考试安排，学校的时间安排颇让我"不满"。在模拟考试开始前加了一段答疑自学时间，"压榨"学生的每一分钟。其实，每个孩子都有自己的节奏，学校安排的方式未必可以让每个孩子都有良好的学习状态。而且，考试考的不仅仅是学习能力，还有体力。学生心情烦躁时参加考试，不会取得特别好的结果。更关键的是，这样的时间安排和中考时间安排不同。学生适应了这种安排后，中考时反而会放松，我认为这样的安排并不合理。

答疑时间和上课时间的要求是一样的，西西也要参加。我不得不起大早去上班，本以为期中考试了，不需要监考的我可以缓一口气，希望还是破灭了。

西西在专注地学习，其他孩子也在奋笔疾书，我坐在讲台前看着他们，还是很心疼的。时间一分一秒地过去，从 7:40 到 8:40，孩子们一动不动地做题，让我更心疼了。

不只我们班，其他班的孩子也都在很安静地准备考试。几个孩子的眼神告诉我，他们有点扛不住了。再过 1 小时，考试才开始呀。

我站起身来："停下停下，把你们手里的活都停下。"

孩子们不知道我要做什么。

"来，听我的，找个同性的同学，两两一对，最后一个男生，找一对加入成为三人组。"

很快，孩子们就组队完毕。

"跟着我的口令做动作，第一，背靠背，脚跟碰脚跟；第二，两人双手交叉拉住；第三，尽力将手向自己体前拉，直到自己的双手碰到为止。"教室里一阵哄笑，大家开始尽力地让自己的左右手"会合"。但是，自己背后的人也很努力，双手会合变得十分艰难。孩子们相互用力，肌肉绷紧、拉伸、慢慢恢复了状态。

西西找涵涵组队，两个身高超过 170 厘米的女生一起玩的样子很有趣，看起来很"长"，却不够"长"，两个人争得面红耳赤，也达不成目的。其实，这是一个无解的游戏。

在这样的笑闹中，大家的精神放松了许多。我说："**每个人的状态，就像一根弹簧，持续拉长，就会失去弹性。只有在努力的压和拉中找到平衡点，才能保持它的弹性。学习也是如此。会学习，是取得好成绩的关键。**"

说完，我手一挥："来吧，放松过了，就继续，相信好效果就要来了！"

这下，大家很快进入状态。我看了一眼西西，她的专注，如我所愿。

月考中的闪光点

月考成绩出来了，西西并不是很开心，她对做错了两道"科学"选择题耿耿于怀。

她一直在重复："进入初三以来，我所有的'科学'考试，都没有错过两道以上选择题。为什么这次会做错两道？"

我逗她："不要这么着急，才两道选择题啊。"

她瞪了我一眼："你说得轻巧，你都不在意吗？"

我笑着说："万一做错的不仅仅是两道选择题呢？"

"什么意思？"她愣了一下，马上反应过来，"你说什么？"一副想咬人的样子。

不幸的是，一语成谶。她在"历史与社会"的考试中又有两个简单的选择题不幸"阵亡"了。她傻傻地看着答案，又默默地看着我。

从月考结束到成绩公布有近两天时间。根据不完全统计，西西在其间问我"什么时候出成绩？""这次的结果会怎样？""怎么还没出成绩？"超过 10 次，几乎每过一两小时，她就问一次。我不禁感慨，初三的孩子真难，几乎把全部身心都放到中考上了。

我也不好和她讨论考试的价值和意义，她也知道我对分数的看法。

在她的紧张和焦虑背后，是期待。我更愿意引导她去满足自己的期待，而不仅仅是关注分数本身。

分数出来时，我正在开车。西西刷着手机，大喊一声："分数出来了！"看我把头扭过去看她，她赶紧说，"靠边靠边，先把车停下来。"

总体来看，她的成绩是有进步的，而且还有一些亮点。即便"科学"做错了两道选择题，她的这科成绩仍是班级第一，但语文和数学方面，她虽然付出了很多努力，成绩还是没有达到她预期的拔尖水平。她看完成绩后，长长地叹了一口气。

我一方面引导她正确地看待分数，另一方面引导她反思。

"现实摆在面前了，你应该看看问题到底在哪里，为什么会这样。"她默然无语，不知道想说什么，只是沉默着，眼里是满满的不服气。我忽然想到，现在的西西需要这些鸡汤式的反思吗？需要我这样对她"灌鸡汤"吗？

也许，在经历各种挫败和不甘心后，她想要的只是安慰，然后让自己重新开始。我的引导她反思是不是过于冰冷了，会不会让她的动力减弱呢？

我也沉默了下来。

到家了。从车库往外走的时候，我忽然对她说："这次考试让我看到了很多值得开心的地方。一，你的'科学'考试尽管错了两道选择题，但你依然是班级第一；二，你的'历史与社会'考试被两个'简单题'坑了，如果加上这两道题的分数，你也是班级第一；三，你的英语成绩已经恢复到原来的水平了；四，你的语文和数学尽管都有点小问题，但是也还不错，只是你对自己的要求更高。最后综合起来，你的总成绩还是进步了。你看，你有那么多优点，我们要尽量将优点发挥得更好，让它们变成优势。"

"你每次考试都会出现一些'不可思议'的问题，有没有发现出问题的都是第二科、第三科的考试？我从不相信你的水平有问题，我觉得问题出在你的体能上。考试不仅仅在考智力，也在考体力。你的体质让你经常犯这样的错误，这是你该注意的。"

"我明天早上起来锻炼吧！"她主动说。

这是我们已经商讨了好久的问题，她一直觉得太辛苦、太累，而且睡眠已经不足，早起很困难。今天她主动提出来早起锻炼，说明认同了我的观点，并且想主动解决问题。这是一个非常好的表现，她有了主动性，离我们期待的目标就不远了。

和孩子在一起的时候，家长很喜欢指出问题，帮助孩子改变。很多家长都这么做，却没什么效果，也找不到原因。其实，指出问题也好，帮助孩子改变也好，仅仅是家长的一厢情愿，以为孩子就需要这些。殊不知，孩子需要的可能仅仅是精神安慰。所以**陪伴孩子时，不要总想着自己能做什么，而是要经常思考孩子到底需要什么。**

我的数学就是考不好

"我的数学就是考不好！"西西带着极大的消极情绪对我说。

我没有附和她的话，而是问："为什么？"

"刚刚考完期中考试，说这次考试只是把期中考试的 B 卷再考一下。100 分的试卷，我只考了 75 分，多少次了，我就是考不好！"

"什么？ 75 分？"我也有点惊讶。这么低的分数，对她来说，真的很不常见。而且，班里还有人考了满分。

"把试卷给我看看吧！也许我能看出点什么。"我伸出手来。

她带着埋怨："我就是考不好，反正数学总也考不好！"一边说一边把试卷给我。

试卷上鲜红的"75"刺激着我的眼睛，我仔细一看，其实就错了两道题。一道选择题和一道大题，选择题 10 分，大题 15 分。因为这是一份附属卷，所以题目类型差不多，但分值都很大。

我没有细究题目，只是指着它们问："如果现在再让你做一次，不用老师帮忙分析，不用别人提醒，你会做吗？"

她不假思索，不好意思地说："会的！"

"你确认会做吗？"

"嗯，是会的！"

"那你这道题错在哪里？"我先指着选择题问。

"我把直径看成了半径！"

"这个呢？"

"关于价格的设定错了！"

"原来，你的试卷是满分呀！那你刚刚喊叫什么？"我反问道。

"我……"她说不出来了。

我没有责备她，而是讲了她初一时的一次考试："你知道吗？那次你的数学考了全段第一。很多人都羡慕你，有的老师问我你的数学是怎么学的，我都很客气地说这是你运气好，莫名其妙就考好了。但是，李剑叔叔很认真地告诉我，不要乱谦虚，这份试卷的难度超过了一般的试卷，而且你能把最后一题做出来，说明你有强大的数学思维。从那时开始，我一直相信你的思维能力。"

"我也知道，你现在为什么会出现这样的问题，你被一次次的数学考试排名打击到了。但换个角度，你也在这样的打击中建立起强大的耐挫力，你不在乎偶尔一次的失败，这是我很满意的。但是，你在其中累积了消极感，把它带到了数学学习中，所以现在就这样了……"

她认真地听着，眼神里对抗的情绪消失了，可能这样的分析走进了她的内心。

"积极的情绪是动力，消极的情绪是阻力。一个人如果不能调整到积极的情绪，能力就发挥不出来。

"再说，你不用担心成功不成功，无论如何，你都是爸爸的好女儿，都是我们的骄傲。与其消极无助，不如积极面对，你说呢？最后，我从来没有怀疑过我的女儿！"我微笑着一口气说了很多，看着若有所思的她。

她的眼神里有答案。

晚上，西西的学习状态又好了一点。

我对西西说："生活中真正的快乐，不一定是收获和得到快乐，有的快乐会隐藏在悲伤之后，只要你找到了它们，你的快乐会变多，悲伤也会变少。"

不一样的西西

西西是在生活中成长的，一旦沉下心来看她的表现，就会看见许多亮点。只看问题的表面很容易会根据孩子的考试分数、孩子表现出的行为等对孩子下结论。但是陪伴孩子，会看见孩子成长的过程。

西西在今天的"家校联系本"上给我写了这么一段话：

（1）本周要开运动会，要在周二晚上为周三至周五做好学习计划，同时补上要做的题。

（2）在初三，动力非常重要，唯有定了目标，才有动力向前。要从各个方面寻找自己的动力，同时找到热爱和有兴趣的事，这样可以让人变得乐观。

我在上面写了一句评语："我想看到行动"。后来我发现，她用黑色笔在这句评语的"行动"二字上画了个圈。

其实，她写在本子上的这两句话也让我看到了不一样的西西。

首先，她已经认同了计划的重要性，开始规划自己的学习了。懂得了合理规划，就会建立稳定的心态，让人在考试时发挥得更好。

其次，知道自己学习的重点，会为应对考试进行练习。考试时能充分发挥能力极为重要，从掌握知识到形成能力，练习必不可少。很多学生都有一个学习的误区，觉得自己听懂了，就会运用，但听懂和会用还有一段距离。西西懂得用练习来弥补这段距离，这是合理的方式。

第三，让动力和兴趣成为奠定信念的基础。西西原本一直很抗拒这些对精神的要求，她很务实，不大相信情感的推动和信念的支撑作用，但近来她的这一想法似乎有"松动"的表现，原因就是这几次考试让她感受到了强大的信念发挥的作用。

与其说这些让西西的状态变得更好，不如说不一样的西西让我变得更有信心。

每个孩子的成长都有不同阶段，每个阶段又都有与之对应的要求。比如她上七年级时，我们对她的要求是规范：懂得学习的规范、人际交往的规范、思想认识的规范，为她日后发展打好基础。她上八年级时，我们对她的要求是突出个性，成为最好的自己，不要为了符合谁的标准而影响自己的成长方向。现在她上九年级了，我们对她的要求是对她七八年级要求的完善和发展。**我们明确了对孩子不同阶段的要求，孩子才能为自己的成长做好规划，才能看到自己前进的方向。**

孩子的成长是一个过程，虽然很多人说，陪伴孩子重在过程，不问前程。但是，陪伴的目的是让孩子成长为更好的自己。所以，真正的陪伴，是有规划地帮助孩子成长，既问过程，又问前程。

第五章 | **12 月** |

熬过寒冬，厚积薄发

SUN	MON	TUE	WED	THU	FRI	SAT
			1	2	3	4
5	(6)	7	(8)	9	(10)	11
12	13	(14)	15	16	17	18
19	(20)	21	(22)	(23)	24	25
26	(27)	(28)	29	30	(31)	

厚积薄发：给 12 月的西西

这是一个不一样的月份，2021 年只剩下 20 多天了。

但有时候，会看见一个不一样的西西。比如，这个阶段的她会有一点点小焦虑，一旦焦虑了，就会开始闹情绪。情绪化的样子，让她总要反思自己的行为。这种停滞状态，让她也有点对自己不满了。但是，这却形成了恶性循环，总是将自己的几种情绪变成相互影响的因素，进而让自己陷入其中。

其实，这段时间的不良情绪，就是源自一个问题：为什么付出了，却没收获？不只是西西，很多孩子也会这样，总是在疑惑"为什么我努力了，还是没有效果"。说白了，就是觉得自己付出之后就该有收获。

一般说来，付出就会有回报，这是真理。但是，这里有三个问题，第一，是不是付出之后，就一定要有回报；第二，是不是付出之后，就马上会有回报；第三，是不是付出多少，就能回报多少。大多数人对这三个问题持肯定的答案，所以才让自己陷入了焦虑。

其实，这时候看看别人的经历，能让自己更加清醒。我找到了一段关于苏东坡的故事。

苏东坡是历史上享誉盛名的才子，诗词书画样样精通，他和父亲苏洵、弟弟苏辙三人被并称为"三苏"。

苏东坡当时盛名在望，就连王安石也对他称赞有加。为官期间他写的诗词传遍大街小巷，连皇帝也抢着看。如果几天没有他的新作，人们会以为他失踪了。

苏东坡一生几度被贬，起起落落，浮浮沉沉，但他用自己的智慧和格局，重新点亮了生活，始终保持着一份难得的乐观与洒脱。

因为著名的"乌台诗案"，苏东坡被贬黄州，心态从此发生了转变。黄州是位于长江边上的一个穷苦小镇，苏东坡带着一家老小 20 多人来到黄州，44 岁又开始一段新的人生旅程。

朋友马正卿送给他一片杂草丛生的荒地，苏东坡开始学着种地，还筑水坝、建鱼池，硬生生地把日子过得活色生香。

在黄州，苏东坡写出了《赤壁赋》《定风波》等千古佳作。他也喜欢下厨，"东坡肉"就是他在被贬黄州期间创制出来的美味佳肴。

苏东坡 58 岁时被贬到惠州。日子虽然过得清贫，他依旧没有放弃制作美食的欲念。他向屠户买来没人要的羊脊骨，煮熟后用酒淋一下，撒上盐再放到火上烧烤，这应该就是最早的羊蝎子的吃法了。

在惠州，苏东坡还发现了丰腴美味的荔枝，"日啖荔枝三百颗，不辞长作岭南人。"他还写信嘱咐儿子，不要让陷害他的人知道岭南有荔枝，否则他们会跑过来跟他抢荔枝吃，真是一个幽默的活宝。

61 岁时，苏东坡被流放到了海南儋州，现在的东坡书院就是纪念他的地方。在儋州 3 年间，苏东坡与当地人民打成一片，提高他们的教育水平，改良他们的生活习俗，还教百姓农耕和种水稻。

苏东坡在儋州期间完成了《易传》《书传》《论语说》三部著作。他还开办学堂，教书育人、传道授业，教出了海南史上的第一个进士。

苏东坡一生豁达，胸襟开阔，给后人留下了无穷珍贵的稀世作品和思想宝藏。

霸气的人生，是能够在顺境时一路高歌，在逆境时从容自得。

这个故事能让人琢磨很久。但是，绕不过三个问题：为什么苏东坡能成功？在他的坚持背后，是什么样的信念？这个过程，告诉你一个什么样的道理？

三个问题，也许只有一个答案：熬过寒冬，厚积薄发。这也是我给西西的答案，也是给西西的 12 月主题。

12 月的"熬"与"面对"

其实，整个九年级我最担心的就是这个月。这是可以看见一个孩子正常状态的时候。长时间的平淡生活，会让人看到自己的喜怒哀乐，也能让人看到自己的各种状态。

此时是孩子们进入九年级的第四个月，没做太多的安排，也没有太多的刺激。天气十分寒冷，很多孩子的冲劲儿已经变弱，动力开始不足，似乎做什么都提不起劲儿。

西西一直很坚定，也很努力，很坚持。但是，她终究是一个只有十几岁的孩子，承受压力的能力也是有限的。我们一直很注意培养她的坚强，也特别能理解她偶尔的崩溃。我不想要一个只知道坚强的孩子，那样的孩子承受的东西太多了，也太疲惫；我只想她该快乐时快乐，该悲伤时悲伤，正常地喜怒哀乐，平静地度过春夏秋冬。

我想和西西聊聊 12 月的"熬"。

"西西，你觉得对九年级的学生来说，12 月是一个怎样的月份呀？"

"什么意思？"

"就是让你用简单的方式，或者用一个词来描述你认为的 12 月。"

"嗯，我想想……我觉得应该是'面对'。"

"面对？"

"是的，我觉得可能会有很多困难，我要面对困难。"

"嗯嗯，'面对'这个词，很主动，非常好。"

她的认知比我想象得要清晰，我以为她会说"熬"，而她说的是"面对"，让我感到欣喜。

"如果抓一个重点，你认为自己在这个月最重要的事情是什么，为什么？"

"嗯，"她迟疑了一下。我知道，她不是不明白，而是在思考。果然，她接着说，"我觉得是提高解题能力，特别是数学和科学，这段时间的科学课真的有点难。"

我知道，这段时间她每天都很忙碌，甚至没有太多时间"消化知识"。

"这有什么关系啊，这又不是你一个人的问题。刚开始学习一个新的知识模块，总要经历熟悉、练习、掌握、运用的过程，没有人可以一蹴而就，你不要想太多，而要适应这个过程。你越着急，情绪就越不稳定，学习的速度就会越慢。没事的，相信你自己。你的科学课成绩目前在班级里是数一数二的，如果你都慌了，那别人怎么办？对吧。"说到这里，她笑了，我想，她也明白了。

"不过说真的，没有人是万能的，我想问你，如果遇见困难或过不去的事情，你的第一选择是什么？"

"当然是找你！"她毫不犹豫。

我以为她会想一下，没想到她脱口而出。

我倒是迟疑了一下，微笑着说："西西，这是我人生最大的成功，比什么都成功。因为，我获得了我最在乎的人的信任！"她也笑了。

她看到的是我的微笑，可她看不到的是我内心的澎湃。说真的，我特别满意，我的努力没有白费。

"最后，还有一个问题，你过去的哪一次成功，可以作为这个月前进的动力？"

她毫不迟疑地说："应该是这次期中考试的科学课表现吧。"确实，从有点恐惧到名列前茅，她对这个学科产生了极大的兴趣和自信。没想到，这门课还成了她建立自信的基础。这也证明，只有成功才能建立自信，才能带来更多的成长，这个逻辑也给了我很多启发。

西西的成长之所以能够一步一个脚印，是因为我明白自己要什么，知道西西要什么，知道人的成长是什么。

我们该如何处理冲突

厚积薄发，不仅仅指学习，更指做人。人接受了良好的教育，才能表现出良好的修养。

即使孩子在初三，也不能放低要求。所以，对西西的要求，我坚信自己的判断，绝不动摇。**与其现在提前看到她的成功，不如在未来看到她持续的成功，成功是由人的成长带来的。**

和我冷战了近一天，她的情绪终于缓和下来。

下午下课后，我站在走廊中间的过道上，她过来故意挡住我，不让我通过。我往左，她往左，我往右，她往右。我看了她一眼，发现她脸上有一丝诡异的笑容，我故意说："你干吗，你想怎么样？"

"我没有想怎么样，我就是不想让你过去。"她一边说着，一边哼着。

我知道她的意思。"想和好，难道一个抱抱都没有吗？"，我正说着，小周从旁边走过，我便又说，"昨天小周生气了，还有个抱抱呢，我还没有？"

她笑了，伸出手，作势要拥抱，却只摆了一个姿势就逃开了："我才不抱你呢。"

总算结束了冷战，双方都给了彼此台阶，找到了自己的价值。顿时，我觉得空气清新了许多，不知道西西是不是也有这样的感觉。

放学了，西西很快来到我的办公室。

我一愣，她怎么来得这么快。我还在等翎畅。她们俩同组，今天应该值日。

我下意识地问了一句："翎畅呢？怎么还没有下来？"

"她值日啊！"西西答道。

"你不是也值日吗？"我不禁多问了一句。

"我先扫的地呀，我已经完成今天的值日了！"她看我这么问，马上语气一变，很不客气地看了我一眼。

我当时没有意识到她语气的变化，重复问了一句："你真的扫过了？这么快？"

没想到这下捅到马蜂窝了。

"我说扫过了就是扫过了！是我先扫的，听懂了吗？！"她冲着我喊了一声。

我知道出问题了，赶紧保持沉默。

接着一切又回到了上午。她跟着我回家，一路上不说话。

到了晚上，我感到愧疚。我的那一句质疑戳中了她敏感的地方，让她觉得自己不被信任。从和小周的事情开始，我并没有真正站在她这边，而是过度理性地和她分析。我很为难，相信她也能理解，但我对她过度的质疑让她感到自己的被信任度受到伤害，导致她又一次爆发了。

看来这段时间她的学习压力真的不小，她的情绪爆发也变得更加频繁。

晚上，还是和白天一样，她借口上网课躲避我，回自己房间了。上完网课出来，她还是对我不理不睬的。

洗澡后，她想找妈妈帮她吹干湿发，妈妈已经休息了。妈妈故意说：

"找爸爸吧。"

"他生气了，不肯的。"

"你可以撒娇呀，妈妈不太舒服，你去找他吧。"

"我不！我才不！"她拗着，但语气已经放松了很多。

妈妈把她带到我的身边："你帮她吹一下头发吧，她要一边吹一边背语文。"

"我生气了，我心里不舒服，除非……"我装着生气。

"除非什么？"西西妈妈问，我用余光瞄着西西，看到她正专注地听着。

"一个吻，还有一句好听的话。"我装作气呼呼地说。

话音未落，一个吹着气的嘴已经印在我的脸颊上："求你帮我吹一下头发嘛！"小女生的撒娇让我"毛骨悚然"。我悻悻然地站起来："还不跟我出发？！"

我和西西在她妈妈的笑声中，走向卫生间。

一会儿，卫生间里就响起了她背语文的声音和吹风机的轰鸣声。

大起大落的一天总算结束了，只是问题还在，我想还是等她冷静后找个机会再聊，要让双方都能接受，还能进行反思。

沟通其实是从不同角度，让双方的不同观点相互靠近的过程。大家没有必要彼此说服，彼此替代，只需要相互理解，相互认同，那就是沟通的价值了。这个沟通的过程，是成长的载体。

厚积之上一点点的样子

周六的下午和晚上，西西安心地坐在书桌前学习。

一个下午，她按照语文—数学—英语—科学的顺序学，吃完晚饭，又是数学—英语—科学—语文—历史与社会。我扛不住了，提前洗了澡，她还在坚持。

"西西，休息一下吧。"

"嗯"，但她毫无停下来的迹象。

"西西，放松一下吧。"

"哦，好。"她还是没有一点停下来的意思。

"西西……"

"先别吵，我先做好。"她回了一句。

我安静了。

餐桌上、小书架上、书包里、书桌上、房间里，到处有无数的复习资料。西西对自己的要求很高，她不断完成各种学习任务。她不是那种需要被督促才学习的孩子，她是一个一旦确立目标便不断前行的好学生。

我常说："好学生讲策略，中等生讲坚持，后进生谈态度。"

西西需要的是策略，但是她现在重视的似乎是坚持。

这个月，我们一直在强调"厚积薄发"，从某个角度来说厚积需要坚持，但对某些孩子来说，一味坚持并不能取得好的结果。西西这样的学生，需要的不只是厚积，更要看到厚积之上一点点的样子。

厚积，是不断地积累，从不同的角度认知自己的能力并为此做更多的准备。这个过程就是以多见少的过程。它可以帮助一个人从平庸走向优秀，但是当你要从优秀走向卓越时，它的效用就稍显不足了。

这就是很多孩子努力到一定程度，发现自己做了很多，做了很久，还是处于停滞状态的原因。人们误以为这是学习的高原期，直到坚持不下去崩溃了，才开始反思。

此时真正起决定作用的，不是努力的态度，不是坚持的信念，而是一个人的思维。

"你要做什么？"和"你要怎么做？"这两个问题的答案将反映一个人选择的内容和努力的方式，对学习来说，即学习的重点和学习的方法。

学习的重点，和孩子学习情况的弱点、考试的重点有关；学习的方法，则和快速提升成绩的方式有关。选择以什么为重点，主要看自己掌握了哪些学习内容，哪里有不足，过多地做题训练没什么意义，还浪费时间；至于学习的方法，对文科要多整理、多对比，以练习来看区别；对理科要多问，去发现错题的共性。

前面的这些西西都能做到。她只需要明白一点，自己应该做点什么。

"西西……"

"嗯？"正在做题的她抬起头。

"做题之前，能不能想一个问题？"

"什么？"

"做了这些题，有没有用？"

"这个，我怎么知道呀？"

"很简单，看看这些题是不是老师强调的重点，是不是自己不太会的。如果是，做这些题就有用！过两天，我给你一份近五年中考试卷中涉及的考点，你做练习题时可以对照一下，如果练习题对应着其中的要点，就是你该多做练习的；否则，你可以略做。一些你不太明白的知识点，如果并非重点，也没有必要一定追究到底。"

　　"嗯……好！"她迟疑了一下，明白了。

　　厚积是重要的，要知道厚积有不同的层次，西西需要站在不同的角度要求自己。虽然她说自己知道了，但真正落实到行动上，还需要一个过程。

从"厚积"到"薄发"

不是所有的"厚积"都能"薄发",甚至也不是所有的"厚积"最后一定能"发"。我看到很多学生学习很努力,却迟迟看不到效果。这对自信心的打击是巨大的,很多孩子在成长中怀疑自己,就是源于这样的状态。

我也担心西西会陷入这种状态。特别是某些对人打击性较大的学科,比如数学。数学成绩的进步往往是波折的,如果经常以分数来衡量的话,孩子会经常受到打击。我曾花了一个学期帮西西建立对数学的信心,努力寻找她在数学学习中的优点,一点一点地帮她建立起自信,但她的自信又在漫长的学习中,在一次次的考试中被不理想的分数慢慢消耗了。

所以,在"厚积"的过程中,自信和策略会起到很大的作用。自信建立在优点的基础上,策略则可以发扬优点。只有在这样的过程中,才能真正看到"厚积"的作用。

上午去学校的路上,我和西西谈起跑步的三要素。

"跑步不仅需要坚持,还需要技术,跑步的三要素,就是我一直和你强调的,重心低、脚步大、用力摆动手臂。"我用几个字概括动作要领,方便她记住。

"接下来，我们在运动中，要记住这几个字！"我强调。

"都没有力气了，还要用力啊。"她说，"哪来那么多力气啊。"

"这就是坚持的作用，或者说是'厚积'的作用。平时积累的能量，会在最后的考验中爆发出来。那时，每个人都在拼自己的能量，你能坚持下去，就能跑出好成绩。"

"等过段时间，我带你去 22 中，去那里跑一下看看！"

"那里有 400 米的跑道吗？"她有点兴奋。

"那里不仅有 400 米的跑道，而且是每年中考的体育考场。在那里跑，你会知道中考考体育时要怎么跑。到时候我会教给你，在什么地点要跟住第一名，什么时候要保持速度跑上 300 米，什么时候开始冲刺。合理分配体力，最后用完体力，才能有好成绩！"

她明显有了兴趣，不断地点头。

我调侃她："可不能像平时那样，别人跑完后都瘫在那里，你还轻轻松松地逛着，体力没用完。

"很多人达不成目标并不是因为不努力，而是不懂得怎样去达成。这就是我和你说的策略。如果你要求不高，跑完就可以了；如果你要求高，就要把握好几个要点，才能达成目的。

"'薄发'不是那么简单的，'厚积'也不是那么容易的。很多成功人士谈自己的成就，听起来都很简单。但是换个角度想，如果那么容易成功，为什么这个世界上成功者那么少呢？话语权总是掌握在获得成功的人手里，有些成功者只是站在某个角度炫耀，会给很多人造成误导。

"'厚积'固然重要，关键要知道如何'厚积'，不经思考的'厚积'，只是蛮干。我知道你不是这样的人，但我想看到你的成果。"

就这样，我一路"絮絮叨叨"到了学校。西西的表情，从不以为然到坚定，这就是她的经历和进步吧。

西西与时间的故事

西西一旦开始复习，状态就会有明显改变，专注度会提升，周围的人都能感觉到她在全力以赴。按理说，西西的学习应该完全没问题，但是她每次都感到时间不足。问题到底出在哪里？今晚临近 8 点，她有一些"情绪"，就足以说明问题了。

西西明天的月考要考数学、英语和"历史与社会"三科。她一回家就整理数学的复习内容，晚饭后，她说自己还需要半小时才能过渡到英语和"历史与社会"的复习。我看了一下时间，7 点 5 分，如果半小时后过渡到下一科，晚上还能早点休息。

可是到了 7 点 40 分，我看她还盯着眼前的二次函数不动。

"咳！"我暗示了一下，她无动于衷。

"咳咳！！"我再次提醒她。她抬起头："干吗？"她一脸疑惑。

"你说复习数学还需要半小时，现在已经过了 35 分钟了，你是不是应该换个科目了？"

"我还在忙着，这个还没好，你让我先弄好！"她有点不耐烦。

"哦，好吧。"

在她复习期间不能和她闹情绪。

又 10 分钟过去了。

"嗯……"我刚想开口。

"干吗？还没好，很快了……"她的感觉很敏锐。

"唉，"我看着已经被推迟了 15 分钟的时间表，一声叹息。

估计她也感觉到我的情绪了，努力加快了速度。

快 8 点了，我凝视着她。可能人在紧张的时候感知力超强，她很快就感觉到空气中的情绪，抬头看了我一眼，在 3 分钟内完成了数学的复习。

我没说话，开始做自己的事情，只是偶尔抬头看看她。

她一定是对这样的催促不开心，虽然没表现出来，但在收起数学复习资料后，她叹了口气，慢慢把英语和"历史与社会"的复习资料拿出来，然后想了想，又把"历史与社会"的复习资料放在一边，把众多的英语资料放在一起，整理了一下顺序，接着，从侧面看了一下，可能是想看看是不是摆放整齐了……

我终于看不下去了："你还想干吗？从复习完数学到现在，已经过了 4 分钟了，就看到你不停做无效的事。"我的数落让她很不高兴，可能是之前的催促已经让她有情绪了吧。她的不高兴直接在脸上表现出来，这下我也有点被激怒了。

"我和你强调过，你在转换任务时的连接做得不好。不是某一次，几乎是每一次。你在完成一项任务进入另一项任务时的时间、节点、状态都不够好。看起来这没有什么，甚至在很多人眼里，你的努力状态，和你对每个任务的专注，都很值得称赞。但是，浪费连接时间，会让你在上一个任务中收获的思路和专注度被打散，不能用于下一个任务。我们要训练的并不是某些题目和练习，而是你的思维，它才是决定你成长的关键。这样对你的要求可能会高，但是别忘记你的目标。如果你的目标简单而普通，那么你目前的状态足够了。但是你的目标是考入重点学校，你就要付出更多努力！"说完，我就沉下脸，专心做自己的事了。

可能这样的方式唤醒了她，让她想起了自己的目标。很快，她调整了状态，开始复习。看着她的样子，我仍觉得时间不够她这么折腾，又从牙缝里挤出了几个字："重点，关键点，而不是从头到尾！"意思就是让她看重点和关键点，不要大面积地去复习。她也很快做出了调整。

9点，她已经完成第二个学科的复习了。看她快速调整了学科，我的表情缓和了许多。

她看着我的样子，嘟囔："总是这么严肃，这么说我，我也会情绪不好的。"

"哪是我这么说你啊，还不是你先那么做的吗？"

她尴尬地笑了一下："有时候会忘记嘛。"她一撒娇，我也被逗笑了。

我看到她能很快地调整情绪，也变得能更加理性地看待问题，明白自己的核心目标是什么，而且她懂得将好情绪给自己身边最亲的人。看到她这样的变化，我的心情好了很多。

我希望西西成为这样的人

北大附中的王铮校长，是中学素质教育的先行者。他努力的方向，让我看见了教育者真正的样子。

他致力于培养个性鲜明、充满自信、敢于负责，具有思想力、领导力、创新力的杰出人才。这样的人无论身在何处，都能热忱地服务社会，并在其中表现出对自然的尊重和对他人的关爱。

教育蕴含的因素很多，问题、分数、人，是其中最主要的。对待这些因素的态度不同，表现出来的状态也不同：眼睛只盯着分数，忽略了对人及其成长中问题的关注；只关注问题，审视人和人的成长过程；会关注人，看到人的可能性和未来。

不同的状态又会导致不同的教育结果。只看分数，会让人功利，培养出精致的利己主义者；只关注问题，会让人充满怨气，培养出缺少情感的人；关注人，会让人看到教育的可贵，看到教育存在的价值和意义。

我希望将西西培养成为这样的人：

一是个性鲜明、充满自信、敢于负责，这样的人有担当、有责任意识、有成功感。这是一个人外在的表现，也是当前社会对个人的要求。

二是有思想力、有领导力、有创新力，这是对当代青年能力的要求。

而这些能力，又是无法通过考试获得的，它应该建立在对生活的分析、总结和判断上。

三是成为杰出人才，这是站在社会的大格局上思考人的成长方向。让孩子不只是为考上好大学，找到好工作而努力，而是要为推动社会的发展而努力。它体现了宏大的社会视野和内心格局。

四是拥有对自然的尊重和对他人的关爱，这是将人的成长放在未来去看人的可能性，同时看见人与自然和生命的联系，是一个真正的"人"的样子。

我也希望西西成为这样的人：

第一，自信，勇敢，有锋芒。这样的西西，不仅能保护自己，还能保护别人。在这个多元化的社会，我们不能要求外界只有一种颜色，但是我们要学会看清不同的颜色。人成长的表现就是你能从只认识一种颜色，发展成能辨析多种颜色。

第二，理性，会思考，懂改变。每个人都有自己的原则和底线，但不表示每个人只能抱持一种认识。善于应对体现了一个人的理性、思考能力和应变能力，这不是圆滑，而是如罗曼·罗兰说的："看清了这个世界，仍然热爱她。"我希望西西能看清这个世界，爱自己所爱。

第三，做好自己。不要求自己和谁一样，而是成为一个对自己有要求的人，尽自己的责任，承担自己该承担的。不依附他人，找到自己最好的状态。

第四，爱护生命。我希望每个孩子都懂得，生命是最重要的，包括自己的生命和他人的生命。只有明白这一点，才能看到世界的精彩。

作为教育者，很多时候我们看见了问题，却无法改变。并不是每个人都能决定自己人生的路径，相反，几乎所有人都在被命运裹挟着前行。

西西也会在成长中遇到各种问题，但我会始终努力地陪着西西一起面对。

发现问题并解决它

又是月考，孩子们鸡飞狗跳。

西西考完后没说什么，可能她所有的情绪都被最后一门考试平复了。最后一科考的是"历史与社会"，我明显感觉到西西考得不错，前面因数学、科学两科考砸而低落的情绪，已经恢复了平静。

但成绩出来后，西西仍然不说话。我在她的眼神里看见了深深的失望，我知道她对自己的要求，但现实没有让她满意。从过程来看，西西必然有进步，只是考试分数不是这样。数学和科学，总带来意外。

考试结果出来了，她的语文成绩平平，数学和科学都很糟。这两科本来是她的优势科目，但近来她在学习策略上出了问题：看得多了，练得少了；关注错题多了，关注新题少了。英语和"历史与社会"的成绩倒是大有进步，英语班级第一，"历史与社会"也进入前五。但要成为卓越的学生，用两科文科课提分远远不够。

"至少，这次你的英语回到了原来的状态。"我对还在难过的西西说。

这句话也没能让她开心多少。我接着说："你的'历史与社会'成绩还可以更优秀，你看这个选择题不应该错的。而且你的主观题得分有了很大的进步。"她默默地点头。

我知道，几次下来，这样的打击对她的影响比较大。不能让她失去信心，失去信心才是致命的。

　　我陪着她沉默了一会儿，问："你说，考试是为了什么？是为了考得好还是为了通过考试发现问题？"

　　她几乎不假思索地回答："当然是为了考得好啊！"

　　"那么考得好有什么用？证明自己无敌吗？"我反问。

　　"那也不是！"她轻轻地说。

　　"现在考得好，就能证明自己优秀，就能证明自己一直拥有超出常人的能力？"我追问。

　　她摇头。

　　"那么这些考试是为了什么？"我继续回到主题。

　　"发现问题。"她说。

　　"那你发现问题了吗？"

　　"发现了……"

　　"发现了什么问题？"

　　她沉默了一下，说："理科考得不好，题目不会做。"

　　"是不会做，还是你没有做？你平时练习的量不够。"

　　"嗯，是这样的。"

　　"那你发现了问题吗？"

　　"发现了，可是……"

　　"我知道你想说什么，你每天都在复习'错题'上花了很多时间，觉得翻看已经做过的题目就是在学习了。我问你两件事情，一，你的英语是怎么考第一的？"

　　"我做练习了！然后，还有问老师……"

　　"对英语你怎么不花那么多时间看'错题'？"

"英语有什么错题可以看的，有什么好看的啊！"她一边叫着，一边笑。

"这不就说明，练习才有用。只看'错题'，有什么用？二，你能不能通过看别人游泳记住动作要领，就能学会游泳？"

"这怎么可能？"

"你现在对理科的学习，不就是用的这样的方法吗？"

"哦。"她有点明白了，但是依旧觉得自己翻看"错题"就是学习。

"我没有否定翻看'错题'在学习，但那不是合理的学习方法呀。"

她沉默了。

"其实，我知道你在学习，可是你要知道学习的关键是用合理的方法，你不能总用一种不合理的方法，还想得到好的结果。通往成功的路径有很多，最佳途径肯定只有一条。学某些学科的好经验你要记住，但是你更要记得把好的经验变成优势。就是说，你要将你的优点从一个点扩大到很多面，优点就变成优势了，问题也就好办了。通过这次考试，我们得到了一个道理，多练习、少纠结。没事，接下来，爸爸会继续陪着你，监督你。"

"嗯，好！"

她的情绪明显好了很多。

我在想，明天给她讲讲"道理"吧，明白了学习的规律，再操作，会容易很多。

一个重点的确定

和西西谈话从来都不太容易。原因很多，有些她从小到大养成的习惯，会让她变得固执。所以，即使看到问题，她也不能一下子就接受，我需要从不同角度给她解释，才能真正地"说服"她。

为了让她少翻看"错题"，多做题，我费尽了心思。

我在纸上写下了学习的四个步骤。

听课→练习→提问→整理错题。

我说："一般来说，我们的学习都会按这四个步骤进行，相信你平时也是这样做的，对吗？"

她看了一眼，点点头。

"但是，你的行动却不是这样的，你能明白吗？"

她疑惑的眼神告诉我，她觉得自己就是按照这样的步骤学习的。

我说："你的学习步骤是这样的。第一步，听课，你很认真，做得挺好的。但是你做完作业后，直接跳到了第四步——整理错题。也就是说，你丢掉了中间的第二步和第三步，觉得完成作业就好了。但是，要提高解题能力，得多练习才行。练习的过程就是运用所学知识的过程，你看看自己，运用了吗？你把大量时间花在了难题和重点题上，但因为练得少，你每次考试都在基础题上错了很多。这太遗憾了。"

"可是，作业也不少，做作业也是练习啊！"她有点不服。

"是的，做作业也是练习，但作业是在某个知识点上反复练习。而考试，考的是整体，是我们对知识的整体把握。需要你综合运用一段时间内学到的很多知识点，你不做综合性的练习题，是没有办法应对考试的。"

"哦——"她有点明白了，拉了一个长音。

正巧，数学老师拿着她刚刚考的试卷站在边上，装作很生气的样子盯着西西："西西，你看看你的卷子。"老师指着最后一道大题说："这道题做得这么漂亮，真的是看出你的水平了，但是你看看这个，这都能错？"翻开试卷，我看到她做错了两道简答题。

"我都想不出你出错的原因了。"

"没错吧？"西西一脸疑惑。

"我想了好久，为什么你会这么做。"数学老师说。

西西开始和数学老师仔细分析，双方进入极其舒服的讨论状态。

数学老师："哇！你看你！"

我转头一看，西西正不好意思地红着脸，用眼角的余光瞄我。

数学老师指着试卷说："卷面上的二次函数解析式，让你抄下来，你都抄错了，你看，这道题就这样丢了分！"

两个人继续看试卷。

不一会儿，数学老师又说："你看，这里又为什么出错？"

西西轻轻地说："我把 1 抄成 –1 了……"她的声音很小。

"你看你，为什么会出现这样的问题？为什么你会在这里丢分？很简单，你做的练习太少了，看得多，练得少，就容易在简单的题目上出错。这就是现实。"

西西和我对视了一眼，我说："无语的巧合。"西西马上懂了，露出了难为情的神色。

数学老师讲完后，离开了。

我看着西西："如果说一个人这样说，真不好下结论，但两位老师同时指出同样的问题，你就要小心了。"

话不在多，而在于准。

西西的样子，让我相信她会有所改变。

孩子在成长中出现问题，家长不应该太担心，而是要寻找解决方法。遇到问题的人，需要的不仅是"鸡汤"和"鸡血"，更需要援手，帮其找到解决问题的重点。

人生贵在坚持

世界上有很多事是你无能为力的，你只能袖手旁观，或徒劳地做点什么。

几乎每个晚上，西西写作业都要写到晚上 11 点，甚至更晚。我陪在她身边，一边看着她严肃的神情，一边感受着弥漫在整个房间里的无奈和疲惫，很心疼她。

每到了晚上 11 点，我都会非常"强硬"地制止她继续写作业。

"不要写了，差不多了。再写下去，明天精力不足，学习效率下降，形成恶性循环，得不偿失。"好多次，她站起来后，都会靠在我身上。

我扶着她走进洗手间刷牙，静静地待在边上等她。

然后陪她走到卧室，为她轻轻地按摩两分钟，再为她盖上被子。看着她疲惫地闭眼休息后，我才回到自己的房间。

为了让她早点睡，整个晚上，家里都会响起我的声音："西西，加油！""西西，再快一点！""西西，这个学科已经复习超过一小时了！""西西，你已经好几个晚上没有复习了！""西西……"

即使是这样，堆积如山的题目，还是让她没有办法脱身。她整个晚上几乎没有起身，更别说去洗手间、喝水、说话了。她开始学习时，我为她倒了一杯水，到了晚上 10 点多，水杯还是满满的，从冒着热气到逐渐冰冷，宛如我内心的温度。

教育，到底要教孩子们什么呢？

我想过，是不是每天和西西商量一下，把作业分成一定要做的、可选择性做的、可以不做的。但西西拒绝了。理由只有一个，那就是：老师要检查，每天都要交作业，不能搞特殊。老师不开心，也会影响到自己的学习情绪。

听她这么说，我也没办法了。我也不能给她太多的空间，只能这么想：这是对她的一种考验。

也许是我熬不住了，我已经表现出熬不住的样子，我也想改变。西西的意志明显要坚定得多，她选择了坚持。

也许西西是对的，从她的角度来看，她是一个学生，必须遵守规范，做好学生该做的事情。她想找到最适合自己的方式，有选择地完成任务，把握重点，解决问题，最后达成目的。而我只想一步到位。

可能这就是成年人和孩子的差别吧。

孩子的成长就是如此，要经过各种风雨，才能见到各式风景。所有经历都是人生路上的财富。作为父亲，我只能更多地陪伴西西，以她喜欢的方式，引导她成为更好的她。**教育，不是替代她成为怎样的人，不是拉着她前行，而是引领。**

第六章 | **1月** |

给自己制定一个
合理的规划

SUN	MON	TUE	WED	THU	FRI	SAT
30	㉛					1
2	3	4	⑤	⑥	7	8
9	10	⑪	⑫	13	14	15
16	17	⑱	⑲	⑳	21	22
23	24	㉕	㉖	27	㉘	29

缓解压力的六个步骤

晚上吃饭时，西西坐下后，说了声："唉，新年了。"

我莫名地有了一阵感慨，人在过度忙碌后，总会带着情绪面对生活。

我转头对西西说，"西西，你的中考年到了。"

"什么？"她没听清。

"中考年。"

"哦—哦—哦—哦。"

她连续"哦"了四声，就没有声音了。

我在猜，她在想什么。

也许，她有了一种紧迫感吧，中考从"明年的事"变成"今年的事"，让她忽然感觉到，自己用来改变的时间少了一年。看着她变冷静的面容，我没有说话，让她自己去体会这个感觉吧。

也许，她在计算自己还有多少上课时间吧。这个过程无疑是悲伤的，看倒计时宛如看一个人的可能性在变少，着实让人不太愉快。

也许，她有些慌乱吧，她当前的状态明显不是最好的，而且不知什么时候才能达到最好，我和她对此都没有"底"。她每门课都在大型考试中考过第一，但是从来没有哪一次考试各科都考第一。

这就是压力吧。

遇到问题时，人总会产生不适的情绪。

我从来没有过多地思考这个问题，也没有刻意缓解西西的压力，反而一直和她强调："你应该去面对，一定要面对。只有在面对问题时，焦虑才会迫使你生成新的想法，让你爆发出能量。而且，爸爸没有办法帮你挡住所有的压力，在未来的人生路上，你还是要自己去面对它们的。你现在的勇敢面对，就是你成长的最好契机。"

我见过很多家长，言必称"快乐成长""阳光成长""心态好"，一旦孩子遇到问题，又马上推卸责任，转移注意力，导致孩子也学会了推卸责任，内心脆弱。

其实，面对压力无非可以这样去解决：

第一，缓解压力最直接的方法就是找到压力源，然后尽可能地消除它。如果你的压力是由于工作任务重造成的，不妨合理地安排一下时间，重新规划任务、调整目标。

第二，压力在所难免，面对压力，如果我们自己排解不了，不妨说出来，或者通过运动、唱歌、大喊、哭泣等方式宣泄，将不良情绪一扫而空，压力自然会得到缓解。

第三，当你心力交瘁时，试试深呼吸，想想到底是什么让你焦虑。深呼吸能为你体内注入更多的氧气，从而让你精力更加旺盛。有时候，我会陪着西西发呆，这也是一种放松的方式。

第四，日常多吃一些能振奋精神、消除疲劳的食物，以消除不良情绪，缓解压力。建议把一些缓慢释放能量的碳水化合物，如水果、粗粮、坚果和植物种子加入每天的饮食清单中。

第五，做做简单的自我按摩，比如用拇指按压太阳穴、做眼睛保健操、用拇指和食指提捏后颈部等。

第六，适量运动，让身体达到最佳状态，我们可以选择游泳、散步、瑜伽、太极等运动方式放松精神。

　　生活中有很多问题，但我们应该始终坚信，解决问题的方法比问题更多。你有足够的信心，才有足够的动力和信念去面对问题。

规划的三个重点：目标、策略、行动

一月是不一样的一个月，尤其是今年的一月。

距离中考还有 170 天。我不想思考这里用"只有"更好还是用"还有"更好，文字游戏对强化人的紧迫感未必有用，还可能产生焦虑。焦虑和紧迫感的最大区别在于方向，焦虑是没有方向的茫然，紧迫是方向明确的发自内心的对自我的要求。

一年之计在于春，春天伊始应该对全年做一个规划，知道自己要做什么、怎么做、做成什么样。规划，不仅仅是设立一个目标，它应包含目标在内的多种因素。所以，做规划不是定目标，而是规划好诸多因素。

1984 年，原本寂寂无闻的山本田一在"东京国际马拉松邀请赛"上摘下桂冠。赛后，有记者问他："请问，您夺冠有什么诀窍吗？"山本田一笑了笑，回答："我是用智慧战胜了对手！"这个回答令所有人感到莫名其妙，谁都知道马拉松比的是体力与耐力，它与智慧又有什么关系呢？ 1986 年，山本田一在米兰再次夺冠，面对同样的问题，他还是那句话——我是用智慧战胜了对手。人们都认为山本田一在故弄玄虚。

直到 10 多年后，已经退役的山本才在自传中道出真相，他写道："每一次比赛之前，我都会骑上山地车把比赛路线仔细观察一遍，并将途中的醒目标志记录下来。例如，第一个标志是某家银行，第二个标志是一棵树木……比赛时，我会将整个赛程分成几段，首先冲向第一个目标，然后是第二个……这样跑完40多公里的赛程，我也不会感觉有多累。很多人不是这样，他们心里只有终点，结果还没跑一半，就累了，泄气了，觉得目标遥不可及。"

规划是为了达成目标。做规划的前提是懂得"自己要什么"，努力的前提也是知道自己要什么，要根据自己的特点，确定本阶段自己要达成的目标和必须完成的任务。在初中的最后一学期，我们必须明确中考的目标是什么，应该在每一次模拟考时达成什么样的目标。即把一个大目标分成许多小目标。这是规划的第一步：确定目标。

规划是明确策略。规划不是简单的设想，而是确定自己实现目标的策略。就是综合考虑时间、目标和精力，确定该怎么做的策略。要以宏观思维为基础，看看自己想怎么做。在初三的最后一学期，只有不到4个月的复习时间，要复习那么多学科，要将重点放在哪个学科上，需要根据自己的特点首先确定自己有多少精力，然后确定任务量，最后确认在什么时间完成任务。这是第二步：明确策略。

规划是行动的保障。规划不仅仅体现在思维上，不仅仅是想清楚自己该怎么做，而要在知道怎么做之后展开行动，由目标和策略一起推动行动。这种行动建立在明确的方向和清晰的过程策划基础上。所以，在最后一学期，要有重点地努力，做到极致。行动的效果，取决于专注和速度，要在集中注意力的前提下，快速完成任务。这也是第三步：专注行动。

1月是"规划"月，包括"确定目标—明确策略—专注行动"。明确"规划"的作用，要让人真正懂得1月的价值。在适当时可以建立一个属于它的仪式，提醒自己应该在什么时候做什么事情。

西西要求的计划表

西西的作业逐渐增多，学习压力也在加大，原本承诺的每天做题 1 小时，随着作业量变大也很难完成。她是债务人，我是债权人。

时间变得那么少，每个晚上她的奋笔疾书和我的催促融合成了夜的主色调。有时候，我看她实在喘不过气了，就起身去为她揉一下肩膀。虽然我多次劝她，有些作业可以选择性地写，根据自己的实际情况和重点、难点，决定时间的分配。但她过于追求完美，总想一点不落地完成作业。

有好几天她写作业都写到晚上 10 点后，我直接取消了做题环节。我说："你先欠我吧。"

"那什么时候还？你看这么多作业？还要还吗？"她笑着问。

"当然要还呀，欠债哪有不用还的？"

"可是，你看我有这么多作业，还有时间还吗？能还吗？"她质疑。

我笑着说："我才不担心呢，你不是有双休日吗，你不是有作业少的时候吗？你不是有节假日吗？我都帮你算好了！"

"啊啊啊啊啊啊！"她故作"抓狂"的样子。

"爸，"她突然说，"帮我准备计划表吧，我需要规划一下时间。"

"好的，没问题。马上做好！"我取出电脑。

一会儿，一份专属于她的复习计划表就完成了。这份计划表分为三个部分：规定任务、规定精力、规定时间。

规定任务，就是将每一学科的任务厘清，规划学科的整体复习任务、重点复习任务和主要复习方式。让她知道自己要做什么、从哪里开始做、怎么去做。规定精力，就是根据她的强、弱项，判断将主要精力放在哪里。这里需要关注学科、重点知识和重点学习方式。对西西来说，需要重点关注的是数学，要弄清圆和直线的关系，提高基础题的成功率。

规定时间，就是在什么时候适合做什么样的安排。这里牵涉的是学科特点和个人习惯。

同时，我还在这份计划表上设置了动力、评价等小栏目，让她坚持得不那么枯燥。要知道，制订计划的高手有很多，技巧也很丰富，但是实施计划达成目标的人却不多，因为这需要坚持。

"西西，在制订计划之前，我想和你说几句话。"

"嗯？"她抬起头。

"你知道计划最关键的是什么吗？"

"坚持，行动。"她回答得很干脆。

"说得很对，也说得很好。可是，什么样的计划才能让人坚持下来，推进人的行动？"我追问。

"应该，应该是一个好计划吧。"她说。

"当然是好计划，可是什么样的计划才算是'好'的？"

"这个，这个……"她回答不出了。

"能否把计划执行到底，和本人的毅力有关系，也和计划本身有关系。做计划不能贪多。制订计划时不需要面面俱到，而要重视自己的强弱项，合理分配精力，不要以为计划做得完整度强，包括所有想做的事就是好计划。恰恰相反，这才是不好的计划，因为做不完和没有做是一样的。做计划还要考虑可行性，就是计划可以操作，而且做起来不难。这是推动人坚持下来的关键。"

看她听得很认真，我补了一句："没事的，不用担心，做完计划之后，我再看看，陪你一起坚持。"

积极面对考砸的分数

一个人的行动出现问题，有时不是方法不对导致的，而是由消极、被动的状态造成的。无论是谁，一旦陷入这种状态，成长就变得缓慢而无奈。

这次的数学考试题目也比较简单，但 100 分的试卷，西西只考了 87 分。这对她来说是一个打击，连续几次数学考试出问题，让她有点崩溃。

她来到我身边，把试卷给我。为了缓和气氛，我开了一句玩笑："唉，又是这样。什么时候才可以看到你取得理想的数学成绩？"

她硬邦邦地回答："看不到了，没有一次考得理想。反正每次都考成这样，数学已经没希望了！"

我还在等着她说"怎么办"，打算和她一起想办法，听她这么说，我一下子就"炸"了。

"什么？"我有点不高兴。

"我说，反正我的数学就这样了。我就是考不好了。这么久了，一次都没考好！！"

"你想表达什么？"我开始质问她。

"还有，自习课上总有人说话，吵都吵死了！"

"你不管吗？"我再次质问她。

"管有用吗？我不是管了吗？"她反问。

"如果提醒一句就叫作'管'的话，班干部也太好当了，管理班级也太容易了！"

"那我该怎么办？！"她的每句话都带着"火药味"。我的情绪也上来了，有点发火。

"如果学习和管理班级让你这么难受，你可以放弃！"我火气上来了，有点口不择言，"你当前的状态让我太失望了，遇到问题不肯面对，而是想放弃、逃避。你以为这样是对的？你没有看到有的问题一再出现，有的现象一再呈现？"

她哭了，泪流满面："可是，我就是考不好，有什么办法？我能怎么办？"说着，她用围巾盖住自己的眼睛，靠在沙发上。

"考不好？"我反问，"到现在，我因你的分数责备过你吗？再往前看一下，整个初中都快过完了，我因你考不好责备过你吗？"

我给了她一点思考的时间，继续说，"每次没考好，你都不开心，那我开心吗？哪一次我不是隐藏自己的不开心，然后和你一起寻找原因？不是因为我一定要这么做，你觉得天下父母都是这样做的吗？不是的，我之所以这么做，只是因为在乎你，因为爱你。只是想帮你用最科学的方法解决问题。我要的只是能和你一起面对，积极地面对，而不是只盯着分数不放。"

她似乎听进去了，抽泣声也小了，我能感觉到她在听我说话。

"你过来！"我故意沉着脸说。

她站起来，到我前面，在椅子上坐下来。

"我要很认真地告诉你，我需要和你一起积极地面对问题、面对挑战、面对过程中的困难。总的来说，就是一个词——面对。这就是我的想法，你懂吗？"

一阵安静后，我听到一声轻轻的"嗯"，明显带着哭腔。

"什么？我想知道你同意我的观念吗？"

"嗯！"这次的语气明显坚定多了。

"那好，我们拉勾！"我伸出我的小拇指，她有点不好意思，没有如往常那样和我拉勾，而是一把抓住我的小拇指，我知道她的意思了。

不知道什么时候，她脸上的泪干了，我觉得"问题"也解决得差不多了，应该和她说说"道理"了，也许可以帮她更好地反思现状。

"你在处理问题时先想想一句话，再思考我们之间的对话，就不会赌气了。"

"什么？"她有点好奇，"什么话有这么大的作用？"

"当然有呀！"

她接了一句："为什么要这样？"

"不能什么事都找原因。很多时候并不需要爸爸一开始就和你讲道理。讲道理是为了以后把事情做好，一开始就讲道理，哪还会有好的父女关系呀！"

"到底是一句什么话啊？"她很好奇。

"那就是，无论我们之间遇到什么事情，无论有多大的情绪，你先想想——爸爸是爱我的吗？只要你想明白了，再想接下来的事，就容易多了。"

她沉吟了一下，眼睛一亮，然后点点头。

"不过，我今天也有点激动，着急了。以后我也要想想——女儿是不是爱我的？再和你换个角度沟通，好吗？"

她的眼眶红了，然后伸手抓住了我。我知道，今天她的情绪问题已经解决了，接下来就是解决实际问题了。

有人说，亲子沟通需要以柔克刚，或者引导发泄，或者转移角度。其实，方法是"死"的，人是"活"的，问题是"变"的，所以没有哪种方法是固定的，只有了解孩子，方法才合理，不了解孩子，照本宣科地用某种方法，过于教条，也不合理。**了解孩子，理解孩子的行为，知道孩子需要什么、反感什么、畏惧什么，才能走进孩子的内心。**

想到这里，我为西西打开了一个"宝瓶"。我也应该在这个月做出一点行动，学会合理规划，并付诸行动，合理解决问题。

规划中的第四个关键词

初三孩子的忙碌很多都是被迫的。相比高中，初三突然增大的压力，让很多孩子难以适应。即使老师和家长不断引导，也并没有多少效果。倘若家长不清醒，孩子的问题更是层出不穷。

本月的主题是规划，围绕三个关键词"目标、策略、行动"展开。我能看见西西和同学们都在努力，我也能看到他们努力的效果。但是，没有一个人可以始终如一地坚持用一种方式做事。不断重复和过度参与，会让人从心理到生理上都感到疲惫。扛得住的人，会寻找成就感，作为坚持的动力；扛不住的人，备受挫折，情绪消极，甚至心生放弃的念头。

我给家长们留了言，让大家一定抽时间带孩子出去走走。

"@ 所有人。各位家长，根据近段时间的观察，孩子们学习的压力非常大。故建议各位家长，至少抽出半天时间，带孩子去大自然、运动场走一走。请注意，不是让别人陪着孩子去，而是家长亲自和孩子去；不要带孩子去商场，而是去大自然和运动场；不要瞎逛，而要有主题地开展活动。请各位暂时放下手里的工作，陪孩子做 3 小时以上的放松，然后一起好好吃顿饭，睡个舒服的觉，再让他们全力以赴地准备期末考试。"

我准备带西西出去玩一天，但碍于客观条件，只能带她去江边和附近的公园走一走。一开始她情绪不佳，一直噘着嘴。当她知道这次去江边散步，还包括完成体育老师交代的 2000 米跑的任务时，她的嘴上已经可以挂一个油瓶了。

我和她妈妈一边哄着她，一边开着玩笑，她总算换好了运动服，和我们一起出门了。

双休日的跑步训练，西西拉着我一起。一个人跑，实在枯燥无趣，我当仁不让地成了她的陪练。可是对我来说，近年来增加的体重和较少的锻炼，让我根本"扛不住"长跑。还记得上一周陪西西跑步，我没做热身，为了赶上她的速度，我跑得胸闷气短，眼冒金星。好在坚持下来了，但我扶着西西大喘气的样子，让西西和她妈妈笑了好一阵儿。

为了坚持下来，我每天下午陪西西跑步 10 圈左右，坚持了一周，我觉得自己可以在这个下午跟上西西的步伐了。

一开始我的步伐就不快，后来越跑越难受，但我知道我不能停，我不想让西西回头时看到我在走路。哪怕跑到转弯的地方，我也没有放弃。不知道为什么，我感觉今天的 2000 米无比漫长。我的胸口开始疼痛，呼吸十分沉重，我不知道怎么了，只能一步一步地挪着，咬牙坚持着。终于，我看到西西了，她已经跑完了，在做拉伸，似乎并不开心。我的气喘吁吁没有让她感到一点好笑。

"为什么软件会有问题？停了两次，你说我该怎么办？"她很生气。

原来是这样，她的手机软件"死机"了两次，导致跑步时间多了 1 分钟左右，她就生气了。

"要不，我们重新来一次？"我试探地问。

"才不要呢？！我还要跑啊？"她更抗拒了。

"不是说成绩不好嘛，不如试着重新来一次。"

"我已经跑过了，怎么还能跑得出好成绩啊！"

"这样吧，我们就跑 1000 米，如果成绩还可以，就用原来的成绩作为这个周末的跑步成绩。"

"不要，我不跑！再说，你也不能跑了！"

"那我骑车陪着你吧。坚持 1000 米，达到锻炼的目的。"我挺开心的，至少她在心疼我，"心疼爸爸的孩子，我最喜欢了，我们更加应该把这 1000 米跑完，然后我们去前面的公园里发发呆吧。"

她也想不出用什么话来反驳我这个没有道理的道理，默认了。

于是，我们一人骑车一人跑步，在瓯江边上，又开始了新的"征程"。这 1000 米，她跑得顺利多了，不在乎时间，跑得更加随意，忽快忽慢，只是苦了骑自行车的我。

结束后，我俩站在江边休整，等着她妈妈过来。我问了西西一个问题："你说，为什么我要让你们放下书本，走出来？"

"是因为太累了吗？"她回答。

"不仅仅是。我要告诉你一个道理，那就是要取得好的学习效果，不是一直学习就可以，而是需要松紧有度，一张一弛。有时候，哪怕是坐在河边发一会儿呆，都能缓解你的压力。"

她若有所思地点点头。

"所以，下午我们不刷题了，就出来走走，让大脑放空，去接纳我们当下的状态。这是一个接纳自己的过程，更是推动我们有更好的状态的过程。记得我和你说过规划的三个关键词——目标、策略和行动。其实，还有第四个关键词，它叫作——放松。四个词加在一起才是完整合理的规划。"

她告诉我她真的懂了。

这时，她妈妈到了。我们一起朝着公园走去。

关于成功：向上看

"为什么我就是考不好呀！"西西捂着脸，靠在椅背上。她哽咽的声音让我一阵心疼。

"我花了那么多时间，可就是考不好！"她拿着试卷，"你看，我能做对的。这道选择题，我看错了不等号，其他的全对。可是，为什么考试时会出这样的问题呢？"

我翻了一下那张试卷，除了那道选择题，她果然全做对了。

这段时间，她的数学似乎陷入一个莫名的黑洞。多次考试都不理想，导致她在考试前就开始自我放弃，"我不行的，好多次都考得很差，我的数学死定了。"我在她上初一时费尽心思为她奠定的基础和她经过多次考试激发出的自信，经过这两年的磨难和极具打击性的分数，已经荡然无存。

她的眼圈红了，陷入了抑郁的状态。我知道，这时候的鼓励不会有效果，而只会让她再一次心态失衡。还不如就事论事，让她看得更清楚。

"一个人能完美地做好一份试卷，考试会考不好？假设你确定的就是考不好，我还能这么淡定？假如你真的已经对数学失去希望了，我会不采取措施？还有，你应该记得数学老师谢老师的话，你想得太多了。"我一句一句把事实的逻辑向她推理清楚。

西西陷入了思考，很快就反应过来了："可是我现在……"

"成功需要时间。时间够了，它自然就来了。关键是你要相信它会来，你要接纳现在。你当前的状态会让你焦虑，进而影响你接纳自己。成功还怎么如约而至呢？成功不是简单地你努力了，它就会来，而是你努力做好一切准备，它才会来。有时候，它会姗姗来迟，但是不管如何，它终究还是会来的。"

西西静静地听着，拿着试卷。她明白我的意思，我想唤起她的思考。我也相信，只要她开始思考，她就会逐渐懂得我的重点。

我拿过一张纸，在背面写了几个字，递给西西。

西西一愣，接过去了。

纸上写着："关于成功，向上看！"

我只想告诉西西，在生活中总会遇到问题，我们可以选择向下看，无奈、消极地面对；也可以选择向上看，积极、主动地接纳它。西西看了这几个字，一脸微笑，然后故意抬头看看屋顶，告诉我："向上？""向上！"

对我来说，她的微笑和"搞怪"比所谓的"成功"重要得多。

记住，向上看呀

西西和我开玩笑，说她的情绪完完全全被数学左右了。数学题做得好，她就很快乐，无论怎样吵闹的环境她都能克服；数学题做不好，就会沮丧，看什么都不顺眼，一点点问题都会让她闹情绪。

看着她嬉笑的表情，我知道她说的是实话。因为这段时间，她的脸上时刻反映着她的数学成绩。我打趣："在你的脸上，我看见了两个大大的字——数学。"

昨天她消沉是因为数学没考好。今天她发现她的数学比预想的要好很多，她啼笑皆非的样子，很好玩。我却陷入了思考，到底该怎么调整，找谁来调整她的状态呢？

我的观点估计很难触动她了，毕竟太熟悉，而且关于这个主题的话题我也说过太多了。应该找一个让她信服的专业的人来说服她。这非数学老师莫属了。

"张老师，有个事情想要麻烦你。"

"怎么了？"数学老师很好奇。

"西西昨天哭了，因为她做完一份试卷后，一对答案，发现自己除了弄错一个符号，竟然全做对了。她想到自己平时考试总考不好，一下子悲伤起来，就哭了。"

数学老师边听边点头："我也感觉到了，这段时间她的状态似乎不是特别好。"

"你看她，初一时数学还考过第一名。但进入初二后，她几次考试数学都没考好，心态就崩了。虽然做过多次调整，但结果并不如意。我觉得，她这个时候需要建立自信，要看到自己的优秀之处。她的能力是够的，就是没表现出来。今天我找你，希望你能抽出 5 分钟和她聊聊数学的问题，比如心态、能力、学习方法等。"

数学老师笑了，很愉快地答应了。

碰到西西，我装作什么都不明白的样子："找个时间自己去找张老师！"

"怎么了？有什么事情？"她有点好奇。

"不知道，她就是这么说的。具体的也没有告诉我，叫你去你就去吧。"

"哦，知道了。"我看不出她的情绪，不知道她是什么样的感受。

西西是在午休结束的 1 点 20 分被张老师带走的。

下午 5 点的时候，我问她："今天张老师和你说什么了？"

她神秘地一笑："不告诉你。"

"为什么不告诉我啊？告诉我呀，和我分享一下。"我和她瞎侃着。

"你想知道，就去问张老师啊，我才不说呢。"她故意不说。

其实我并不想知道，张老师能影响到她就可以了。

没想到，转身我们就遇到张老师，她直接告诉我："先是'吹'了一通，告诉她，她很厉害，然后我教她怎么每天用 15 分钟时间完成 9 道选择题和一道计算题，这是她最容易莫名其妙出错的地方……"

总的来说，张老师就是先告诉西西要自信，要相信自己能把数学学好，然后从方法上给了西西具体的指导。我觉得，有了这么专业的指导，一定能帮助西西进入一个学习的新阶段。

5点50分，该放学回家了，西西又在复习数学。看着她专注的样子，我觉得不管结果如何，这个经历都会在未来成为她成长的财富。

我找了一张纸条，写道"记住，向上看呀"，轻轻推到了她的面前。

你就是觉得我不够好

清晨，我"冷冷地"看了一眼已经起床、正坐在餐桌上吃饭的西西。我没有多言，背起包就走了，出门前，我给西西的妈妈扔了一句话："你送她上学吧。"

关门的时候，我听到屋里一阵手忙脚乱："快点快点跟上，顺路的人今天不带你上学，我要忙死了。"

我下楼，有意识地走慢一点，打开了一辆共享单车，正推着走，西西拦住了我的路。

"干吗？！"我问她。

她不说话，也不让路。

"给你吧！"我觉得再"折腾"，我们俩都要迟到了。我又打开了一辆共享单车，我们一前一后地骑着单车，谁也不说话，就这样到了学校。她愤怒，直接把她妈妈让她帮我带的早饭带到了教室里，再也没有说话。

她没有找我，我也不找她。我知道，有好多机会和她沟通呢。

中午，她习惯性地来找我吃饭。算起来，这应该是她第三次来"求和"了吧。她的执拗估计也是遗传了我的固执。我想真正解决问题，就揪着她不放了。

"我们是不是应该聊点什么？"我再一次提起话题。

"聊什么？"她硬邦邦地回话。

"你认为呢？不觉得应该对我说点什么吗？"我反问。

"我觉得没有什么要说的。"她依旧很抗拒。

"如果你这样，我们还能说什么？"我转身就往食堂走，她也一声不吭地跟着。

三年来我们第一次没在一起吃中午饭。原来，我习惯了每天中午和西西一起坐在靠窗的食堂吧台吃饭，今天她在大厅，我在吧台，我忽然觉得不习惯。

我想应该尽快解决问题，不能再拖了。

午饭后，我拍了一下正在教室里自习的她："是不是要把事情说清楚？"

她马上站起来跟我走出教室。

"说吗？"我还是问她同样的话。

"其实，你就是觉得我不够好！"她说着，眼泪掉下来。

我笑了，我知道我的判断没错，我是懂她的。

这一笑让她更加羞愤了："你还笑，你就是觉得我不够好，觉得我很差。"

"傻孩子，你想过吗？如果你不够好，我还这么用心对你吗？反过来说说看，我对你够用心吗，够好吗，够在乎吗？"

她看着我，一边擦着眼泪一边点头。

"你说，一个人的优秀，是不是要天天挂在嘴边，是不是每说一句话，就展示一下？比如我向别人介绍你，先说'西西有8个优点'，说完了，再对你说'西西你近来是不是需要找到更合理的学习方法'，这不是很可笑吗？"

她带着眼泪在笑。

我继续说："你是不是优秀，是不是足够好，你要问一下其他人平时爸爸是怎么和他们说你的，比如李老师，比如宏业姐姐，比如纯纯姐姐……

"还有，我并不是在嫌弃你，我只是想让你变得更好。因为你有变得更好的实力，我对你有高要求，是希望你可以看到自己的不足，往更高的地方攀登。如果你只是满足于当下，我们就什么都不说了，你已经比很多孩子优秀了。但是我觉得你还可以更好呀！"

听了我这几句话，她的表情不一样了。

其实，我知道她心里的"结"并不是我嫌她不够好，而是她要不停地面对挑战，实在太累了。与其说她在发脾气，不如说她在寻找发泄情绪的通道。

一个人在成长中总是被要求，难免会感到疲惫，应该适当地鼓励自己，为自己加油，让成长成为一段有意义、有价值的旅程。

那个"宝瓶"应该发挥它的作用了。

规范的计划是不断修改和努力的结果

西西做计划很快。她对规范的重视，超过了很多人。记得有个记者在看到我们班里的学生做的学习计划时说："它超过了很多高中生做的学习计划。"

我说："你看到的，都是我手把手面批过多次的学习计划了。看起来的规范，是我们不断修改和努力的结果。"

西西做的学习计划，在班级里名列前茅，既规范又有很高的可操作性。从她当前的计划中，我可以看到三个很有特点的措施。

第一，规范精力：在复习阶段，距离期末考试大约有十多天，她把更多的精力放在文科的学习上。这是正确的，提升理科的学习能力在于平时的积累，考试前应该在文科上多花点时间。她对文科的复习进行了合理的时间分配。

第二，规范内容：针对不同学科要复习的内容，按照每一单元的"学习量"进行安排，保证每天都能在规定的时间内完成，除了安排复习基础知识，她还为自己安排了一定量的练习，保证有足够的时间用在知识整理和运用上。同时，她还为自己安排了问问题的环节。这有助于推动她开展主动练习，只有做了练习，才有问题可以问，所以"倒逼"自己去做练习，只有完成复习才能做练习，她用这一环节"倒逼"自己提高复习的效率。

第三，规范时间：西西的时间安排是这样的：早晨复习语文、中午复习英语、下午复习"历史与社会"，晚上复习数学、科学、英语。在不同的时间完成不同的复习任务，虽然时间安排得很随意，但只要做到明确安排，就可以提高学习效率。

如果说这个计划还有小毛病需要改进，那就是为语文学科安排的练习少了，而她需要通过练习加强阅读理解能力，所以，我帮她加上了三天的练习。

制订计划是第一步，让计划合理是第二步，而最关键的是计划的实施。计划从制订到完成，关键看行动，看着她的计划和每天需要完成的作业，我还有一个担忧，总觉得完成这些任务有点难。不是她不愿意执行计划，而是学习任务太繁重，她可能没有那么多时间。

"如果时间不够用怎么办？当天的任务完成不了怎么办？"我问西西。

"这个我也不知道。"西西一脸茫然，"我也担心没有这么多时间，计划不是白做了吗？"

"这样吧，关键时候还得我出场！"我得意地说，"教你两种办法，让你每天即使完不成计划，也不会焦虑。"

"嗯嗯嗯嗯！"西西的头点得鸡啄米一般。

"第一，你要每天把任务按照重要性排好顺序，然后调整一下完成时间。这样，你每天都能完成最重要的几件事，即使有不完成的，也不用担心和焦虑，因为那些是不太重要的事。

"第二，如果发现某项任务内容太多了，就选择核心的部分完成。复习时，所谓的整理、看'错题'，都可以先放着；老师会在课堂上讲答案的试卷，就不要自己先查对答案。把注意力放在巩固课堂所学内容和核心知识上，提高效率。"

虽然不知道西西能不能做到这些，但我会陪着她，提醒她。

这个期末的悲喜

期末考试过去一周了，我才缓过来。

西西的期末考试结果，真让我悲喜交加。整体上看比原来进步了一些，但这些进步不能让我兴奋。

这次期末考试的试卷分值和中考不同，但是区里给出的数据，能让学生知道自己大概处于全区的哪个位置，还是有参考意义的，就是不知道西西会如何面对这一参考。考前，我尽量不谈这件事，考后看着她的成绩，我有点蒙。

西西的五门文化课总分基本和期中考试持平。在对以前没考好的原因进行分析后，她的分数没有太大进步，我很失望；但我也从这次考试中看到了希望。五门文化课，西西只有"历史与社会"考砸了，其他四门都做到了应该做对的基本都做对，如果不是"历史与社会"考出了一个"惨不忍睹"的分数，她原本可以荣登班级第一，考出自己近段时间来最好成绩的。

这一周，关于期末考试成绩，我和西西做了两件事。

第一，我将西西的成绩放在区排名中，全区一万人，如果她的"历史与社会"考试不出问题的话她应该排在 600 名左右，在她自己的目标范围内，但现在出了问题，就退到 1000 名了。这么大的差距，她自己都觉得不可思议。我告诉她，一是我们有希望，她的水平就在目标范围之内，只要正常发挥就能达成目标。二是即使有希望也要小心翼翼地对待，不能随意对付，一个不小心，几分之差的影响就很大。我又特地将话题延伸到体育考试，说，我们体育考试一定要拿满分，但目前还差两分，应该全力争取，这个寒假我们要努力了。

第二，我将西西的"历史与社会"成绩摆在了面前，说，这个分数能给我们什么样的启发呢。考完了，分数也出来了，事情就过去了，不需要为这个结果纠结。但是，我们需要从这个分数中得到新的思考，这才是我们从失败中得到的价值。不要因为一次失败就觉得自己不会再成功，也不能因为一次失败就认为自己没有希望。你一是要记住自己不是百战百胜的，可能会出现各种问题，目前的努力是为了将失误的可能性降到最低；二是要从失误中得到教训，这次"历史与社会"考试失利的原因可总结为你的阅读理解能力和思考角度出了问题，以后除了增加阅读量，还要注意不过度解读题干。

从期末考试结束到今天，在这短短一周里，西西努力的方向更加清晰了，她每天都有条不紊地做题、复习、运动，虽然也会有小情绪，但整体上她的行动力可以打 95 分以上。在这个过程中，我成了一个"书童"。期望我这样和她一起努力能收获配得上这种努力的结果。

秉承"一分不丢"的理念

　　将个人的分数放在一个群体中去考察，从排名中可以了解自己的相对能力水平。同时，那么多人一起竞争，几分之差就能让名次落后好多，又很容易让人产生挫败感。

　　所以，和西西谈话的时候，我多次提到一个观点——"一分不丢"。从目前的温州中考现状来看，这非常"微妙"。排名第一的学校和排名第二的学校录取分数相差 9 分左右，9 分，对五个学科的总成绩来说，就是两三道选择题的分数，一不小心，多错一点，就掉到下一个层次的学校了。我只能帮西西尽量做到最好。

　　我和西西说，我们用分类法来解决问题吧，把问题分成文化科和术科，不同类别采取不同的应对方式。对文化科，不可能做到完美，在文化科上追求完美，对自己提出过高的要求，会让你因过度关注错误而心态失衡，最后反而出现更多问题，从现实来看，这样的结果几乎不可避免。对文化科，我只有一个要求，解决可以解决的，不能解决的看运气，就够了。遵循这样的方式也能做到"一分不丢"。

　　换个角度看术科，比如体育，你要尽力追求完美。体育考试在中考成绩中占 40 分，你在几次体育考试中，有四个项目每次都能拿到满分，唯一需要重视的就是 800 米跑。你一直对这个项目有点担心，觉得自己拿不到该项目的满分 10 分，但这是一个锻炼的过程，这和身体健康的要求无关，我只想告诉你，对此你能争取一分不丢，并且一定要争取。最近，你 800 米跑的最好成绩是 3 分 21 秒，现在距离中考体育测试还有 4 个多月的时间，你是在 200 米的跑道上取得这个成绩的，有一些因素影响了你的成绩。经过一个寒假的训练，加上你坚定的信念，等到了 400 米跑道上，做到"一分不丢"还会难吗？

一分不丢，不是操作方式，而是一种理念。所以在不同的区域有不同的处理方式，在不同的学科要给自己提不同的要求。**所谓成长，就是在生活中懂得概念的意义，懂得怎么面对问题，懂得用最适合的方式过好自己的日子。**

第七章 | **2 月** |

优秀的孩子会自律

SUN	MON	TUE	WED	THU	FRI	SAT
		①	②	3	4	5
6	7	8	⑨	⑩	11	12
13	14	⑮	16	17	⑱	19
20	㉑	㉒	㉓	24	25	26
27	28					

自律：从假期开始

今天是农历正月初一，也是 2 月的第一天。

2 月的主题是自律，这也是这个寒假的专题。寒假对九年级的学生来说并不是"放假"，而是需要全力以赴的时间段。合理地规划、充足地练习、不停地背诵、连续地整理，都是当前需要做的。

面对中考倒计时，每个孩子对自己都有要求。这个寒假，所有的孩子都在负重前行，西西也是。看着她的努力和坚持，我也很感慨，我督促她做更多的运动，教她学会放松，懂得适当地自律学习。

要做到自律，第一个要满足的条件是做好计划。要按照自己的目标，制订行动计划，然后踏实地完成。做到了，并做得好，才是自律。第二个要满足的条件是对自己的行动提要求，对自己完成计划的质量提要求，给自己设定一个跳一跳才能达成的更高的目标。第三个要满足的条件是保持积极情绪，让自己在行动中获得成就感，感受到幸福，体验到快乐。

西西是个很好玩的姑娘，当年我带她参加学校的乒乓球运动，她很不情愿。她有一句名言："爸，你还是让我做题吧，我不想运动。"这句话后来成为同事们调侃我的"梗"，他们总说我身在福中不知福。西西无法从体育运动中感受到快乐，一开始我还以为这是小女孩的矫情，没想到她是因为怕流汗，担心自己的形象受损，才不喜欢运动。所以，整个初三的前半部分，我都在为她的体育考试做她的思想工作。所幸，终于做"通"了，她开始认识到体育在中考中的重要性，也开始努力训练。对她来说，"800米跑"不是特别大的问题。她的身高有174厘米，腿长，跑步有优势。关键是要跨出第一步，只要跨出第一步，一切就变得简单了。

那天，她在学校操场上跑完10圈（大约2千米）后，一屁股坐在地上，站在旁边的小袁大声惊叫："呀，想不到你竟然会坐在地上啊！"在旁人的诧异中，小袁喋喋不休，"初一的时候，你好像有洁癖，初三了，你竟然可以在跑完步坐在地上，'毫无形象'呀。"她的调侃引来周围人的大笑。

自律还是要从体育锻炼开始。我们之前曾对此讨价还价，很不容易。首先是多久跑一次的问题，西西觉得一周跑3次或4次就够了，我坚持要她跑5次，她对我撒娇，我对她'哄骗'，加上用礼物'引诱'，她终于勉强同意了。其次是怎么跑的问题，我想让她每天陪我跑完6千米，锻炼体能，但她明确表示自己跑不动，经过多次协商，最后商定要么她一口气在11分钟内跑完2千米，要么陪我跑完4千米，然后骑车陪我完成最后2千米。最后是什么时候跑的问题，她不喜欢早起跑步，对其他时间段跑意见不大。所以，我们定在早晨学习累了之后跑步，并把这段时间叫作垃圾时间，即我们的跑步时间。坚持下来，效果还不错。

就这样，每天我们都在努力中变得更好。所以，自律从来不是与生俱来的，而是在生活的经历中一点一点培养、一点一点建立起来的，它需要你不断地告诉自己，这样做会让你变得更好。与其说是"变得"自律，不如说"养成"自律，后者更贴切。

自律与自由

健身软件 Keep 的界面广告语是：自律给我自由。自律与自由看起来是两个相对的词语，实际上却是对立统一关系。对西西来说，运动是为了中考 800 米跑能拿满分，对我来说自律带来自由。

工作 20 多年，我早就从当初在绿茵场上奔跑的少年变成中年"油腻"男人。疯狂变化的是我的体重、体形和不断下降的运动能力，以前我可以早上踢球、中午踢球、下午继续踢球。现在上场 20 分钟，就满脑子在想什么时候能下场休息一下。只是心里的那份倔强，让我一直坚持下来。

我一直喜欢踢球，一直参与足球赛。但我计划早晨五点半去江边跑步，却总是被应酬和熬夜加班打破计划；我想坚持去跳广场舞，却因有各种事情要做而没有时间；我想在家坚持利用健腹轮和 Keep 软件健身，却因要陪伴西西而放弃了。我似乎做了很多，又似乎什么都没有做。

当我看到正进行跑步训练的西西的步伐越来越慢时，我对西西说，"来吧，我来陪你跑，我不信我不行。"西西很开心，她愿意看到我的改变。

第一天，我和西西站在瓯江边上的跑道上，我想："以我的基础，陪一个小女生跑步，应该问题不大吧。"

事实是，西西的妈妈口令一发，西西就冲出去了。我大喊："不许抢跑！"赶紧往前冲。由于准备活动不够充分，心肺功能没有被激活，我刚跑了 200 米就喘不过气来了，肺几乎要爆炸。于是，一个很让我心灰意冷的场面出现了：西西在前面迈着大长腿快速地奔跑，我拖着沉重的步伐用力追赶。

这是什么情况啊，我一边问自己，一边努力向前赶。但是沉重的呼吸，快要爆炸的胸口，让我心有余而力不足。我一直觉得西西跑步较慢，此时她竟快得让我赶不上。虽然我被她落下了一大段距离，但内心的那份骄傲仍在告诉我："不能停下来，停下来就前功尽弃，我不知道怎么和西西解释。"

到终点只有 2 千米。西西跑完全程优哉游哉地做着拉伸，看到我满脸是汗，上气不接下气，她露出骄傲的神情。我对她翘起大拇指："真想不到，你现在可以超我这么长的距离，不过，我会赶上来的，我一定让你知道，我也能坚持下来。"

她微微一笑，似乎有点不相信，但是她知道我是一个能坚持的人。我补了一句："我会陪你坚持下去，赶上你的脚步，你也要争取中考体育考满分。"

这件事已经过去一个月了。这个月我从每天跑 2 千米，到可以一口气跑 4 千米，再到跑 5 千米，最近这一周我每天都能坚持跑 6 千米。西西也陪着我一路小跑，或快或慢，选择自己的锻炼方式。

慢慢地，跑步成了我生活中必须做的事情，一天不跑，就觉得有什么事情没有做好。西西的状态在提升，我的状态也在变好，我忽然懂得了自律让人自由的意义。

谁都想要自由，可很多人不明白，自由不是"要"来的，而是一种状态，是经历了"自律"之后达成的一种状态。我们就是在这样的"自律"中，磨炼自我、成就自我、获得自由。

自律之初是对目标的细化

记得有一天，我爸和我聊起西西的表哥的学习状态。西西的表哥是一个很聪明，做事却不太专注的男生，比西西高一年级，总会偷偷玩手机，玩游戏……

有一天，我爸感慨地说："要是他能和西西一样，那么自觉、自律就好了。他父母就放心了，他自己也会更优秀。"

我笑着说，"你看看他学习时的样子，他很难做到自律呀。"

"他学习时的样子？什么样子？"我爸很奇怪地问。

"每天晚上坐下来后，他会把一堆书放在桌上，但每次都不知道自己要先做什么，再做什么，随手拿起作业就做。看起来他一直在学习，但如果你问他学习状态如何，他肯定觉得自己什么都没学到。有时，他还会偷空做点别的事。如果你们看到了而责备他，他会说自己刚刚学累，想休息一下，不想被你们指责。时间一长，他就不愿意听你们的话，而且会不断地找理由，破坏自己的学习节奏，也坐实了他的不自律。"我简单地分析了一下原因。

我爸能听懂，但他毕竟不是教育工作者，不太理解学生的学习心理，反问我："那为什么西西那么自律，就是因为有你陪着，还是因为你是老师？"

"我陪着，或者说我是老师，只是部分原因。更重要的是，西西的一些做法远优于她表哥。比如这个……"说着，我拿出西西做的表格。

"这是西西寒假的语文学习安排表，内容包括背诵、阅读理解、作文等。语文老师要求她在某个阶段上交什么作业，她就制作了这个表格，根据作业内容和自己的时间，规划了合理的学习进度。每完成一项任务，她就会划掉一项，直到最后都划完。每天看着这个表格，西西就知道自己要做什么，要怎么做，做成什么样。她会要求自己在规定的时间内完成任务。"

我爸听完，说："你为什么不教教她表哥呢？"

"我教过，也盯过。但是，他选择了更为简单的方式，却没有想到这样做的后果。习惯形成的早期，他需要陪伴和评价，但他的家长没这么做，所以……"我的话很容易懂，一听就明白。

自律的养成需要计划，设定好目标后需要制订计划将目标细化、具体化，并将计划落实为行动。只有这样，才能平静地做好要做的事，才能规范自己的行为，知道怎样将事做好。

而知道自己应该做什么，也会明白什么不能做，这就是自律。

用评价推动自律到自觉

　　教育是很奇妙的化学反应。对不同的人，或者对同一个人施以不同的力量，都会对教育结果产生影响。有的因素，甚至只是存在，不需要施予力量也会发挥威力。可惜，很多人并不明白其中的道理。

　　自律是一种意识，更是一种能力，而能力需要培养。

　　很多人好奇西西的自律是怎么形成的，他们问我："为什么她可以坚持下来，可以一直那么努力，可以主动学习，她太棒了！"

　　其实，计划是自律的第一部分。对西西来说，还有另外一种促使她自律的因素，也是推动她从自律到自觉的关键，即评价。

　　比如我们会根据每天完成任务的质量、数量，以"能量"的形式给自己打分。

　　这是一种自评，建立在当前阶段的学习上，在大致了解自己的学习状态后，给自己提出新的要求。

　　我会根据西西某阶段的自评，判断她在该阶段的学习状态。一般说来，西西的严谨和客观，给我参与的"他评"提供了合理的基础。我对她的评价以发现优点为主。通过西西的自我评价，我看到她在学习态度、学习品质、学习效率上的进步，以此作为她继续努力的动力。评价应成为人的动力，而不应成为成长的阻力。

最后，评价建立在过程而不是结果之上。这样的评价方式，才符合人的身心发展规律。评价只有被接受时，才能爆发出它本身的"能量"，推动人的改变。

自律的下一站叫自觉，就是很多人在评价孩子学习时常说的那句，"什么时候，你才能自觉呢？"我们需要看懂其中的原理。

教育很浅，浅到几乎所有人都懂该怎么去教孩子，好像所有人都能对教育指手画脚；教育又很深，深到很多人费尽心思，也教不好自己的孩子，还不懂为什么教不好。**在"很浅"与"很深"之间，有一条深深的鸿沟，有些人之所以过不去，就是因为对教育有各种各样的误读。**

最高级的自律是什么样的

西西是一个自律的孩子，这样的话我说过很多次。老师、长辈、同学，很多人都这样评价她。

可是，自律是什么？就是这样一直坚持学习，默默地熬着学习吗？就是这样一天一天地重复，控制着自己不做不该做的事情吗？就是即使疲惫还坚持吗？到底哪一种状态是自律，哪一种又是自律的高级状态呢？

我问西西："你觉得最高级的自律是什么样子？"

她看了我一眼，不说话。

我又问了一次："就是说，我们都觉得你很自律，也觉得你表现很好。但是，我还是觉得你目前的自律处于较为简单和低级的阶段。目前也没有需要你一定要达到什么样的高度，只是想知道你的想法，你认为的最高级的自律是什么样的？"

西西低头写了三点：

（1）有计划地做事；

（2）爱自己所做的事情；

（3）对自己所做的事有要求。

她从计划、要求和情感来说明自律的高级形态。其中计划和要求，是界定自律的标准，看来她已经理解了。她又加了爱自己所做的事情，这是赋予任务以情感，对一个人的生活来说，这是一种爱的推动。

　　高级的自律，不只是这样。

　　我给西西讲了一个故事："日本著名作家村上春树，是诺贝尔文学奖的常年陪跑者。他每天坚持写作 4000 字。他在 33 岁时开始健身跑步，每天坚持跑 10 公里，一直坚持了 30 多年。这不仅让他戒掉了烟瘾，减掉了多余的体重，甚至让他成了马拉松跑者。这个故事给予我们的启示是，唯有自律才能活得更高级、更自由。那么，我想问你，你看见了一个什么样的村上春树？"

　　西西想了想，很认真地说："他是一个很坚持的人。您是不是想告诉我，自律最高级的样子就是——坚持？"

　　我笑了，没有正面回答她，而是接着说："其实，人想自律也很简单，早起 10 分钟，是自律；少吃一块肉，是自律；多跑几公里，是自律。很多人都这样界定自律，但并不是所有人做了这些事就变得更加优秀。只需要回答一个问题：你能坚持到什么时候？"

　　"这里有两个概念，一个是改变当下，另一个是坚持行动。很多人都误以为改变才是自律，其实坚持才是。所以，开始时是很多人一起努力，走到最后的往往只有少数人。所谓自律最高级的样子就是——你能坚持多久。"

　　西西不说话了。我也不知道她是不是听进去了。但是，从她给我的答案中，相信她已经站在一定的"高度"上理解自律，能懂高级自律的样子了。

西西，不要做那个完美的人

"西西，你知道吗，我做了一个很神奇的梦！"

她一脸好奇："关于什么的？我的？"

"当然啦！"我笑着说。

"那你说说呗，还卖关子，赶紧告诉我吧。"她说。

那个梦着实有点好玩。"我梦到了你上高中后，住校了。可是你对自己和对别人的要求都那么高。晚上休息的时候，有的同学在开玩笑，有的同学在说话，你想好好休息，却不能休息，就很生气，然后和同学们产生了矛盾。"

我描述得绘声绘色，她听着也觉得好玩："然后呢？"

"然后，我想说点什么的时候，就醒了。"我装作很遗憾的样子，"要不，我再睡一会儿？"

"哈哈哈……"西西笑起来的样子真可爱。

"那你说，你会这样吗？"我迟疑地问。

"什么？"她愣了一下。

"就是和同学闹矛盾"。

"不至于吧！"她说。

我相信她的情商和处事能力，孩子自然有和孩子沟通的方式。成年人站在自己的角度焦虑，只是杞人忧天，可能还会让事情变得更复杂。我会焦虑是因为看见了西西追求完美的性格特质。西西对自己的要求很高，凡事都想做到完美，得到最好的结果，所以很多时候会苛求自己。对她来说，事情要做到最细致，问题要完美解决，同学要合理配合。总之，她希望拥有最好的状态。

在班级工作中，有时我会看到她反应"过度"。她会因为同学在自习课上不像她那样认真学习而十分不悦；会因为同学在上课时说话感到气愤；会因为同学在开会时说话而愤愤不平；会因为同学维护集体荣誉不尽力而生闷气。她会因为这些不快乐，但又不是经常表现出来。

我说："每个人都不是完美的，无论再怎么努力，都不可能完美。你是这样，我也是这样。我们尽管很努力，也朝着完美的方向前行，但什么是完美，我们能达到吗？不行，对吧！"

她默默地点头。

我话锋一转："既然我们都不能达到完美，我们凭什么这样要求别人呢？别人不想完美，我们怎么可以去苛求别人？那只能说明我们一厢情愿呀！到最后，难过的一定是我们自己对不对？"

西西沉默了，似乎在思考什么。

"其实，不追求完美，就是三句话。第一句，不要做一个完美的人。记住，是不要做，而不是允许自己不完美或不追求完美等，是很坚定地表示'不要'！第二句，所有人都是不完美的。大家都不完美，不应该苛求别人完美。第三句，错误永远存在，不要悲伤。我们通过错误才能看见美好，而美好是不能看见美好的。"这段话，我说得语重心长，不知道西西能不能听懂。但是，我相信她之所以和别的孩子不同，爱思考，就是因为我经常用这样的话和她沟通。

我应该对自己提一个要求——相信西西是不完美的。这应该是我做父亲的新境界。

自律的积极状态

有家长问我："老师，我的孩子一直在学习，为什么还是进步不大？我已经被她的状态弄得快疯了。每次考完，她都很担心，成绩理想，就很开心；成绩不好，就很崩溃。我的心也随着她的状态一上一下的，我觉得她的问题出现在学习的过程中，但她已经在学习了，你说我该怎么办？"

家长们的苦恼我懂，我讲了西西的故事。

西西是一个起床困难户，寒假中每天叫她起床，她都有很多"戏"。

"5 分钟，再给我 5 分钟！"

5 分钟之后："西西，你怎么还躺着？"

被窝里伸出一根手指头，意思就是再等 1 分钟。

1 分钟之后，她彻底把头钻进被窝，假装不知道时间。

直到掀开她的被窝，用波浪式叫醒（声音忽高忽低）；震动式叫醒（不断地晃动她）；暴力式叫醒（一脚踹下床，通常是西西妈妈干的）；冷冻式叫醒（直接拉被子）；补偿性叫醒（给你一分钟，然后起来）……轮流叫她起床，然后才能看到她迷迷糊糊地起来。之后，又进入每天的固定模式：洗漱、找衣服、吃饭、出门，一阵鸡飞狗跳。

今天上午也是一样，好在她听说离上课时间不多了，马上精神一振，以 2 倍速完成了以上内容，该有的，一个都不少。

她在老师家上课时我在车里等她。90 分钟，我没熬住，握着手机，看着书，打着呼噜。我想，楼上的她用怎样的状态学习呢？

下课后她上了车，才说了两句话，就将羽绒服的帽子扣在了自己的脸上："让我睡一会儿，我太累了。"她疲惫的样子，让人心疼。

我尽量把车开得慢一点，稳一点，控制好时间。从这里到另一个上课地点，大约有 5 千米，需要 30 多分钟。我将时间延长，让她有多一点时间休息。

就算到了地方，我也不准备叫醒她，让她多睡一会儿吧，中考生面对的压力真大呀。

上课地点马上就到了，时间也差不多了，我还是不想叫醒她，但只剩下 10 米距离的时候，她自然醒了，开始揉眼睛，又转头看看我，露出一丝微笑。下车的时候，她一边用力搓自己的脸，以便快点清醒过来，一边口齿不清地冲我喊"再见"。

这节课，她在上课，我在跑步。拉伤的右腿让跑步变得艰难，很难坚持，我对自己说：看看西西，我难道不应该做得更好一点吗？

5 千米慢跑结束，我稍微整理了一下，到了接西西的时间了。

一上车，她就说"中午，我想补一会儿觉。"

"要不，我们就不上课了？"我很心疼。

"那怎么行，都坚持下来了。中午让我缓缓就行了。"她的态度很坚定。

我默然，除了陪伴好她，做好她最坚实的后盾，我似乎没有更大的作用了。

午休也是，闹钟在两点响起，她艰难地伸出一根手指："还要 10 分钟！"我默默地笑了。

10 分钟后，她开始了下午的自学。

自律就是这样。有的孩子被推动着自律，有的孩子因被点醒而自律。被推动的孩子，是被动自律，略消极，学习的效果相对较差；被点醒的孩子是主动自律，更积极，西西就属于这种，主动自律引导她努力成为更好的自己。

还有一种是自我唤醒的自律，这是成就卓越的自我的关键。

把每一次考试都当作经历

　　初三的学生逃脱不了考试。我相信，很多学生到初三的时候，就考习惯了。现在和他们说要考试了，他们还是会紧张，再过一些日子，估计他们看着考试结果就只会说"哦"了。

　　西西估计是提前进入了这个状态，对开学考试的结果，面无表情地"哦"了一声。其实，不只是她，还有我，看完之后，也"哦"了一声，再无别的反应。相比其他家长的焦虑，我好像淡然很多。

　　其实，我的淡然是建立在了解西西的基础上的。开学考的试题大多和寒假作业有关。而这个寒假，西西的学习重点不在完成作业上，更多的是放在巩固自己的弱项上。所以，如果某几门课的复习没有跟上，结果也在意料之中。

　　我和西西商量过，我们的任务只是建立在这个逐渐努力的过程中，对结果我们要重视，但结果不是唯一重要的。

　　从目前来看，西西的目标还是很明确的。她能把每项任务都规范地做好，很多时候努力得超乎我们的想象，将对自己的要求标准提高。我相信，她会得到非常美好的结果。

　　前两天我们聊起谷爱凌和中国女足，我们俩的观点一致，更关注中国女足的成绩。谷爱凌是独特的，不可复制的，她的家庭条件、家庭背景、教育环境使得她在另一条"赛道"上取得成功。她们是两个世界的人，没有可比性，价值观和信念都不同。那样的比较，就没有标准了，结果就没有影响了。

但是，中国女足不同，她们的故事有普遍性。首先，在待遇较低的情况下，她们取得了好成绩，告诉我们，即使在艰难的环境中，在缺乏关注的情况下，我们依旧能取得成功，获得自我价值。其次，她们有自我要求。女足姑娘们对自己有要求。最后，就是奋斗精神。在2022年亚洲杯半决赛和决赛上，她们对战日本落后两球，扳平后靠点球取得胜利；对战韩国落后两球，又在扳平后的补时环节完成绝杀。其中固然有偶然因素，但我们更多的是看到她们的精神。小个子张琳艳上场后，不知疲惫地奔跑，一次次传出好球，更是以154厘米的身高攻入了头球。原本已经累得跑不动的唐佳丽，在最后时刻还能人球分过，疯狂超车，送出致命助攻。一切的一切，告诉我们，在遇到困难的时候，精神是一个人成长的动力。

越是靠近中考，我们越会遇到困难。有时候，我们会因为困难而消沉、消极，继而影响效率和结果。但只要我们具备了积极的精神，我们的成长就会有无限动力，这就是精神的价值。

把每次考试当作经历，把每一个结果当作财富，从中挖掘出成长的价值，这才是我们成长的意义吧。

一步一步地走

昨天西西在家校本上写道：

"开学第一周，九年级的紧迫感来了。所有人都在说要为中考冲刺了。但是脚下的路还是要一点一点地走。所以面对中考，不用想太多，只需把自己今天要做的事做到最好就可以了。不要管其他事，也不要有压力。主要想清楚自己想要的是什么，这样自然就会有一种动力了。放下心来，耐心地一步一步走过这 100 多天。"

看得出来，她很冷静，心态也很稳定。这是我希望看到的状态，也是我认为面对中考的最好状态。我从不希望学生在最后阶段被莫名地激励兴奋起来，嗷嗷喊着去中考。我一直觉得，中考不能决定人的一生。虽然它会影响接下来的求学，但对努力的人来说，它也只是一次对学习成果的考核与证明。所以，我一直对孩子们说："冷静面对，表现出你真正的状态。只有冷静，你的专注力才会提高，审题时才能头脑清楚，答题才会合乎规范。任何导致你失去冷静的方式，都不应出现。"

平时我也一直和西西说："冷静一点，速度快一点，你就会发现自己的能力提升了。"

从西西今天写的这段话中，我能看出她已经清楚地知道自己应以怎样的状态迎接考试，以及自己需要做什么了。在她的文字后面，我又补了一句话——我在你身边。这就是我的作用——后盾。

像"一步一步地走"这样的说法，经常会在一些名人的言论中出现。很多名人都告诉大家，饭要一口一口地吃，路要一步一步地走，传递出脚踏实地，勇敢向前的态度。

德国前总理默克尔说："我要好好感谢我的父亲，因为他在我面对困难的时候，会重复一句话——当你为事情没有什么进展而烦恼时，请不要停下你也许已经发抖的双脚，请你再往前迈一步，只要一步。"

很多人在努力的时候只看目标，被现实和目标的距离"吓退"，并感到恐慌，慢慢磨灭了信心，离目标越来越远。而当我们问那些获得成功的人，就会听到他们说："其实也没什么，就是脚踏实地做好当前的事。"确实是这样，就是脚踏实地，一步一步地走。只是这种看起来简单的话，很多人理解不了。

西西之所以能理解，可能和我对她的长期的教育有关，我在她成长的过程中渗透这些，她也就慢慢地接受了这样的思想，并形成了自己的认知。

有句话说："我们懂得了很多道理，却依旧过不好这一生。"道理之所以不能运用到生活中，是因为我们还没有真正理解这些道理，没有去实践。这句话也可以变成——我们懂得了很多道理，如果能按这些道理去实践一回，就可以过好这一生了。这也是一步一步，脚踏实地了。

第八章 | **3 月** |

我们不抛弃不放弃

SUN	MON	TUE	WED	THU	FRI	SAT
		①	②	3	4	5
6	⑦	8	⑨	10	⑪	12
13	14	15	⑯	17	18	19
20	㉑	㉒	23	24	㉕	26
27	28	㉙	30	31		

03

不放弃的月份

3 月是最难应对的一个月。老师要用最快的速度教学，尽可能多地安排模拟考试，孩子们要拼尽全力练习体育，茫然地面对一模，疲于奔命地应付着中考前的最后一学期。

很多孩子还没从寒假的状态切换过来，仍在适应新的学期，就被所谓的中考倒计时狠狠敲了一大棒。在这一个月，家长和老师的作用非常大，要懂得看见孩子的每一个优点和意外的节点，及时调整他们的状态，做好他们的后盾。

西西进行了体育模拟考。说实话，我没有什么信心。她选的项目是排球、实心球和游泳。这次，她需要把必考的 800 米跑和排球、实心球考完。从她寒假的表现来看，800 米跑，我对她没有很大的期待。排球是她的强项，考满分完全没有问题，我不担心。但是实心球是她刚刚确定要考的，之前考虑过选仰卧起坐、跳绳，可是仰卧起坐很累，跳绳可能出意外，所以我们决定把她可以拿到 8 分或 9 分的实心球作为选项。虽然仰卧起坐她一般都能拿 9 分，跳绳考试总能拿 10 分，我们还是不放心。

西西问，为什么要那么确定地选择实心球。我笑着说："这是对你 174 厘米的身高和你坚定内心的信任。"她白了我一眼，没有说话。我继续解释："对你来说，用一个月的时间练习投掷实心球，完全没有问题。如果选择了实心球，你对体育考试就不会那么焦虑了，而且它还能为你节省体力。"

这次模拟考，与其说是帮助孩子适应真正的考试，不如说是为他们建立信心。所以，即使她没有为此做特别的训练，我也不在意。

体育成绩很快出来了。排球，两次机会，第二次满分，西西说自己考试时紧张了。实心球，三次机会，前两次压了 10 分线，第三次压了 9 分线，所以只有 9 分了。说完，她一脸的懊悔。

"没事呀，你看你的排球一直都是满分。用了两次机会有什么关系，机会用完也好。关键是你无论怎么考都会得满分。至于实心球，你看，才练习了一节课，你就可以压在 10 分线上，你还有一个月的时间，从下周开始，每节课都去练习几次，保证没有问题。"末了，我还补上一句，"你的体育能考满分，我没有任何担心。可能在过程中，你会有纠结，但结果肯定是完美的。"她也被我的态度感染了，坚定地点点头。

跑 800 米的时候，我一直在场外看着她。第二圈时，她明显跑不动了，300 米一圈，她花了 1 分 19 秒跑完，相比跑第一圈慢了不少，虽然跑最后一圈时努力追赶，还是没有得满分。最后的成绩是 3 分 17 秒，能拿 9 分，距离满分还差 7 秒。"休养"一周多后，她能跑出这个成绩，我还是比较满意的。

我看着她说："在跑 800 米的过程中，特别是第一圈后，你 10 秒钟可能只跑了 10 来米，你看，就这么一段。"我用手指了一下，"咬着牙冲一下，就赶上去了，但你松了一口气，可能因为实在是腿沉得不得了，就放松了。现在，你只差 7 秒，你看就是那么一小段而已。加点油，以你的能力能跑 3 分出头的。"

她微微一笑说："我的目标是 3 分零 9 秒，我要踩着红线踏入 10 秒这个满分关口。"看着她得意的样子，我白了她一眼。

她笑了。

我也笑了。因为我想起了一个月前，她对我说："8 分就 8 分，一道选择题就补上了。"她现在的样子，让我挺满意。

突如其来的崩溃

每个人都有崩溃的时候，我们都不知道它会在什么时候出现。

西西冲进房间，看见悠闲的妈妈和躺着偷懒的我，直接大喊："你们俩真悠闲啊，哪有你们这样的父母？"然后，冲进她的房间，"砰！"地关上了门，反锁。里面传来了一阵压抑的哭声。

"发生什么了？"我问。

"不知道呀！"西西的妈妈一脸惊诧。

"是因为我们俩在休息？"我再问。

"不知道呀！"

"是因为没人陪她？"我继续问。

"不知道呀！"

"不至于吧，西西又不是第一天这样，她也不是一个矫情的姑娘。"我一边说，一边敲西西房间的门，"女儿，给个敲门暗号哈，三长一短，这是国际通用的敲门暗号。"

房间里的抽泣声小了许多。

"西西，不准备看看爸爸的造型吗？"我披着条被单，有点冷，"有点像超人！"可能，每个爸爸在女儿面前都会卸下一切防备。

西西总算开门了，靠在门上流泪，她满脸泪水，看到我的样子，就哭不出来了，虽然脸上的泪痕还没干。

她扑在我怀里，看起来有点难过。我搂着她，朝阳台走去，和她一起看着外面："到底怎么了？我觉得没有什么可以轻易打倒坚强的你呀。"

她没有说话，默然无语，我知道她在缓解情绪。

看她的头发被包在衣服里，我帮她拉出来，不小心头发散了。

"头发都乱了呀！"她很不满意。

我知道，她"正常"了。

"可是，你到底怎么了呀？"我问道。

"物理题太难了，真的太难了，有时候我真的做不出来……"

原来是这样！西西的妈妈听完愣了一下，然后笑了。西西哭得更厉害了，把头往我怀里钻。

"傻孩子，这有什么关系呢？"我逗她，"做不出来就继续呀，无非就是思路错了，或者是考虑的角度不对，也有可能是你忽略了题目给出的条件。从目前来看，做这些题都在你的能力范围之内呀。"

她不说话了，估计觉得我说得对，建立了信心。

"而且，到高考的时候，选择物理学科，你会比其他人多900个大学可选呢。你今天的付出，可以让你在未来有更多的选择。"她抬起泪眼看着我，已经没有那种难受的表情了。"来吧，接下来我会在你身边陪你。"我拉着她回到书桌前，她开始投入地学习起来。

每个处在这个阶段的孩子都会感到压力很大，他们就像充满气的气球，不知道从哪里出气，也不知道什么时候出气，但又都需要被关注，需要发泄，需要让自己紧绷的弦能松缓一些。西西今天就是这样，所幸她直接表现了出来，而不是隐藏着。

这个月才开始，谁也不知道后面还有多少"精彩"。

如影随形的数学

这几天西西忽然反复强调一件事。这是西西的习惯，每当她想完成一件事，又没完成，她就会反复强调。比如她想知道晚饭吃什么，只要没有明确告知她，她就会一直问："今天晚饭吃什么？"重复、强调、重复，我也常常被她弄得很崩溃。

我和西西说过，这是一种轻微的偏执，不好。西西白了我一眼："那你直接告诉我答案不就好了？"

"有时候，我也不知道答案呀。比如晚饭问题，不如等到晚上，你想吃什么，我就给你做什么，或者带你出去吃，这不是很好解决的事情吗？"我说。

"可是，我现在就想知道呀……"她看着我，一点没听我的建议。

类似的事情一直重复发生。即使我在她平静的时候和她谈，也丝毫不能改变她的执着。

这两天又是这样。我头疼地看着她，只看到她稍带委屈的表情，而没有任何收获。我只能想，可能临近中考，压力在增加，她的焦虑也在变强，所以出现这种现象的频率变高了。

"周五晚上我不想去上课了。我真的很累，再说我觉得那个课节奏有点慢。"同样的话，她已经说了好多次。

我有一个朋友是个很厉害的数学老师，有丰富的教学经验，对教育很有研究，知道怎样能让学生在最短的时间获得最大的提升。他很忙，但是西西已经上初三了，他明白这个阶段的重要性，所以每周都会抽出时间点拨西西。

上了几次课，西西很认可他的教学，但她也颇有微词："为什么他上课时会抽烟呢？节奏能不能快一点呢？一份卷子两小时还没讲完，我的时间不够用了。"

这段时间作业一多，她的牢骚也多了。

昨天她就对补课很抗拒，无论我怎么解释，她都很抗拒，在去上课的路上，她坐在车上还泪水涟涟地和我争吵。"哪有安静的状态，哪有效率这么低的，哪有抽烟的，哪有……"她一连串的反问，让我又好气又好笑。

我试图让她冷静："你学习的目的是什么？你能找到这么好的老师？你觉得爸爸会害你？你见过比他对中考更有研究的老师？你看到哪个老师能像他那样一题多解让你看到多种解题的可能性？"我也用一连串的提问让她冷静下来。但是我低估了她的任性和被宠爱的后遗症。

她马上说："我又不是觉得他不好。我只是受不了二手烟，还有他讲题的整体节奏太慢了。"

"每个人都有自己的习惯，再说他也不会当你的面抽烟呀。还有数学的提升是一个过程，需要思考，需要点拨，节奏快了，只是在告诉你答案罢了。你要知道，学习的目的是提高。不同的老师有不同的方法，而且对优秀老师的方法，你要注意其中的优点，不能任性不讲道理。"

她见说不过我，马上又泪水涟涟。看她这样，我只能说："这样吧，你先去，我也考虑一下怎样更好。你下课后，我们再商量，总要找到最好的方式，我不想在最后的阶段，你还带着难过的心情去学习。"

说话间，我们来到了我那位朋友家的楼下。我忙着停车，她独自去上课。即使问题还没有解决，她也会先按照原来的计划把事情做好。

等候中我想了几种方案：一是减少上课次数，变成两周一次，但要做好老师要求做的习题；二是缩短上课时间，在家做题，上课就是听老师分析和提问；三是在家里自己复习，反正她很自律，只是没有经过系统的点拨，效果不会太好。

我反复思考，毕竟在这最后的几个月，让她保持积极的心态非常重要，这种心态是学习的关键动力。一旦她产生抗拒，即使是最好的老师，也不能影响她的认知，那就麻烦了。

两小时就这样在我的思索中过去了。

她下课了，看见我，并没像往常那样催着我带她回家，而是俯视着我，一脸微笑地说："今天上课的效果好像挺好的！"

"什么？"我没想到她会这么说。

"今天学得很舒服！效果挺好的！"

"那接下来……你还来上课吗？"

"先来吧！"她给了一个很有意思的答案。

刚刚那两小时，我在想什么呢，今天到底发生了什么？"喂喂，今天到底怎么了？"我赶紧追问。

"没什么，就是觉得上课的效果挺好的！"她言简意赅。

"是呀，当你把重心放在老师的优点和学习内容上，你会发现效果不错。思考问题，一定要抓重点！"

她笑着点头。回家的路上，我和她说起我在这两小时内的思考，她笑得前仰后合。

原来，有些问题并不需要马上解决，随着时间的流逝，在经历了一

些事后，人的观点会发生变化。这就是成长和教育的迷人之处吧。陪着孩子成长，不要用力去"扳正"孩子，而是顺势而为，找到适合孩子的方式和引导方向，和孩子一起经历，就好了。

笑着的 120 分

中午西西吃饭很晚，直到 12:20 她才匆匆走进食堂。我正和三个老师坐在一起，而她则坐在我背后的桌子旁吃。李老师笑道："今天肯定有数学考试！"

我一看，今天是周二，上午最后两节课就是数学课，会考试，所以西西 12 点多才来吃饭。我转头问了句："女儿，今天数学考试？"

她笑着说："你懂的！"

我们父女相视一笑，不说了。

我吃完饭，站在她的桌边等她："今天看起来考得还不错。不像上一次，考完之后，你就跑到我这里大喊大叫，说自己这里错了，那里错了！害得我那么紧张。"

她微笑着，并没有如我所愿地同意我的观点，还在我心里撒了一把盐："并没有，我感觉第 23 道题已经出问题了！"

"你只是感觉而已，我觉得你没问题。要自信一点，要像爸爸相信你那样相信你自己！"

她笑笑，没说话。这反而让我有点紧张，我真不知道她考成什么样了。不过，几小时之后，我们就能知道考试结果。

但因为忙着，我把这件事忘记了。下午遇见西西好几次，我都没有想起这个话题，想起来时，已经是在回家的路上了。

　　"西西，数学考了多少分？"我笑着问。

　　"120分！"她笑着说，不是很伤心。

　　"多少？"我差点撞上路边的小树。

　　"120分呀！"

　　"那最高分多少？"

　　"141分！"

　　"哦，看来，你这个分数真的不大好！"我调侃了一句。

　　"我选择题错了两个……"

　　"啊？第10题？"我刚想说，"那也正常！"

　　"不是，第10题做对了！"她继续给我"补刀"。

　　"什么情况？！那其他选择题怎么可能做错？"我惊讶。

　　"看错了题目，我把直径看成半径了，还有我的作图题也被扣分了，第23题也被扣了9分。"

　　她的心情没有受到多大的影响。她当下的样子，明显不是装出来的。我挺喜欢她这样的状态——打不倒，无所谓，其实就是看淡结果，并找到合理的解决问题的方式。

　　"回去把试卷给我看看，我得好好学习一下你的错误。"我的调侃让她不好意思。

　　"你要调整你的状态了。你看你，这一周都忙着做作业，什么训练都没做，所以才回到了原来的状态。"我没有忘记指出她上周的学习问题。

　　"可是，我昨天晚上做过训练。"她狡辩，之后，她自己都笑了。

　　"你看你，你好意思吗？你自己都笑了，说真的，你真的要调整好自己的状态，做好学习规划。具体的行动不能落下，它证明过这样有效，要坚持！"我一边提醒她，一边看着她，她表示听懂了。

到家后，她很自觉地把试卷递给我。看完后，我也沉默了，以她的能力，失分应该在 5 分之内，而她不知道怎么丢了 30 分。我也得整理一下心情。

"下一次，要考 145 分，别的我也不说了！"我把试卷递给她。

"嗯。"她乖乖地点头，拿着试卷走了。我看到她的样子，很坚定。我想，我会看到一个更好的她。

中考状态的西西

我觉得西西的状态可以分成五种：普通状态的西西、耍赖状态的西西、甜腻状态的西西、抗拒状态的西西和中考状态的西西。这段时间，西西明显进入了中考状态。

今天停课。我不想像往常一样定时叫西西起床，难得有一个放松的机会，让她稍微多睡一会儿吧。

但是，还没到 7 点，西西就站到我的床前，把我吵醒，她有点不满意地对我说："你还不起来陪我学习？还要躺着吗？"

刹那间，我以为已经 10 点多了，想着："我怎么这么能睡呢，不就是昨晚喝了点酒吗，今天就睡到不省人事了？"

西西的妈妈一边忙着要去上班，一边说："今天我可按照你的意思，没有叫她起床，谁知道她自己起来了，说是要完成作业。"

我知道，初三的孩子没有轻松的。学校在昨天晚上决定今天上网课，任课老师们纷纷用手机小程序给孩子们传递信息，晓黑板、微信群、钉钉……都忙碌起来了。我看到诸多作业，不同的要求，想了想，决定不凑这个热闹，还是让他们安心写完当前的作业吧。

没想到，写作业也不能安心。

"爸，我有些作业本不在身边！"西西苦着脸说。

"放在哪里了？"我疑惑地问。

"学校！"她回答得很干脆。

我正想说，你怎么不把作业带回家，就想起她每天都背很多书都背到驼背了，昨天晚上老师们突然加了作业，有些作业本她没带回来也情有可原。

"这样吧，反正我的电脑适配器也没有带回家。我的电脑快罢工了，干脆我去学校取一下，顺便把你的书和作业本带回来，你写一下你需要我带什么回来。"

西西有点焦虑地看着我："能行吗？"

我明白她的意思："能行的。"

我忽然看到她的中考状态了。

这一天，我陪着她学习。

我坐在她对面，看着她整理、做题、思考、背书，我安静地陪着她。

氛围很好，一切很美好。

看到她在背"历史与社会"时，我对她说："西西，要不这样，你在背书的时候，能不能把思维导图'印'在大脑里，你应该能明白这个体系下的知识逻辑。"

西西伸出双手，作势在纸面上捧了一把，然后看了我一眼，很认真地把手里的"知识"往脑袋里一"装"，面带微笑地看着我。

我也只能很"配合"地问："要不，把这些知识混在水里让你喝进去吧。"

她看着我，拼命摇头。我们俩相视哈哈大笑。

"其实，不管你是什么样子的西西，我都喜欢你，和你喜欢我一样喜欢你。"我对西西说。

这个知识点是不考的

晚饭后，西西基本完成了作业。

她选择做科学课的强化练习。这门学科让她很在意，她能轻松地考全班第一，有时也会考砸。科学课的总分是 180 分，非常高，她很看重，一边做练习一边还和妈妈说："我今天非得把牛顿搞定不可！"话语中充满"狠劲"，杀气腾腾。

我听了，开句玩笑说："牛顿听了这句话，棺材板莫名地跳了一下！"

"哈哈哈哈！"她和妈妈大笑起来。

科学课的题目综合性很强，有一点难度。做完后，她很自觉地查对答案，寻找出错的原因。

她一边查对，一边嘴里愤愤不平："怎么回事呀，做的时候我以为自己都做对了！怎么还是有错的！"

我坐在她对面，看着她自言自语，调侃她："没事没事，错着错着就对了。"她借用她妈妈的手机把错题拍照，给科学课老师发微信，提出自己的疑惑点。

正好，老师也在线，用语音为她解答。

讲了几道题后，我听见了老师的一段语音，"这道题目不在我们的中考范围中，它是……"西西反复听了两次语音。

"嗯？老师都说不考了，你还盯着这道题干什么？你看清它涉及的知识点，记住这个点不考不就行了吗？"

西西笑着看看我，还想继续听一次老师的这段语音。

"老师和你说了不考，你不应该把时间花在这里。"我再次强调。

"我觉得掌握它可能对解其他题目有帮助呀！"她提出了自己的观点。

"西西，现在不适合用这样的方式复习，第一，你已经没有太多精力大面积地学习了，这会影响你把握应试的重点；第二，你目前的任务是应试，必须要用应试的方式，你不能这样任性了。"

她讪讪地笑着，接受了我的意见。这样的事情不止一次发生了，她总想更多更完整地掌握知识体系，却忽视了重点。我应该换个角度和她谈谈了。

"其实，你想考什么样的学校，就应该用什么样的态度和方法去学习。就是说，用什么样的过程匹配什么样的结果。你的目标是重点高中，你就要用考重点高中的态度和方法去要求自己、训练自己，这样你的学习才有效！"

她若有所思。

我也不想说很多，又补充了一句："我不仅仅在讲方法和态度，希望我的话能在你行动时帮到你！这样，我们才算真正一起走向成功！"

关注点在哪里

昨晚西西为自己安排了两道"历史与社会"的主观题，用了不到 15 分钟时间就完成了，她写了满满一页，看起来答得很完整。我用苛刻的眼光反复仔细看，并对扣分点提出了很高的要求，却很惊喜地发现，她的答案基本可以不扣分。

我看看题目，看看她，很满意。她也很明确地感受到我的情绪，咧开了嘴，一副得意的样子。

西西的能力在提升。

今天中午和教她语文课的胡老师聊天，胡老师一直说，西西不仅能力有明显的提升，而且心态沉稳了，人成熟了许多，能笑笑地面对困难。

正聊着，数学老师路过，发现我们在聊西西，说："我来插一句话啊！"

数学老师转头看我："你昨天晚上看过西西的试卷了吗？"

我一脸"痛苦"地表示："看了，一夜没睡好！"

语文老师看我这个样子，笑了："什么情况啊，西西那么优秀，你有什么好痛苦的？"

数学老师接着说："昨天考了一份模拟卷，后面的大题题目难，计算又麻烦，但西西几乎全做对了，只扣了一分！"

"那很好呀！"语文老师搭了一句。

"可是，想不到在简单的选择题部分她倒被扣了12分，填空题也被扣了10分！"数学老师愤愤地说。

我能看懂她的惋惜和不满。

"到底是什么原因呢？"两位老师都有点困惑。

"昨天晚上，我已经针对这个问题和她谈过了。"我说。

"哦？你觉得是什么原因？"数学老师问。

"她的关注点太多了，她总想掌握所有的知识，喜欢抠细节。人的关注力是有限的，我昨天和她谈了这个观点。"

"你是怎么谈的？"语文老师问。

"我们正在吃饭，我给她30秒时间观察饭桌，然后蒙上她的眼睛，问她，桌子上有几盘菜、几颗丸子。她一下子就蒙了，然后讪讪地看着我。后来，我让她专注地看两盘菜，一盘是丸子，一盘是虾，然后再问她丸子的数量、形状、排列，她都能明确地答出来。这时我再告诉她，'关注得多，看起来面面俱到，但受到人能力的限制，我们会忽视很多东西；关注点少，但是只要确定了重点，就能加深对整体的理解，甚至还会思考其背后的东西。学习也是同样的道理，如果什么都学，反而会出现各种问题，抓住重点，考试的能力才会越来越强。所以，你的任务并不是掌握更多知识，而是确定什么是中考的重点，有方向地、明确地去学习，才能高效。为什么每年都会有中考说明、复习导引？这是一种辅助，避免你们瞎折腾，做一些无效的事情。课本本身是一个体系，其中的关键点、支撑点，才是考查你们的关键，你应该明白这些。'"接着，我对两位老师说，"接下来，希望你们能多多指点她。"

两位老师欣然答应。末了，语文老师还补了一句："不管怎样，我都特别喜欢她。"

我笑着说："我也是。"

不能"试错"了

昨晚，我冲着还在忙碌的西西发了脾气："像你这样学习，还不如不学。每天写作业写到晚上 11 点，没时间整理知识点，没时间复习，没时间做重点练习，初三的最后 90 天，你和不努力有什么区别？说了多少次了，你还是这样！为什么这些建议你就是听不进去？"

她很委屈地看了我一眼，继续忙碌。我知道，她没有偷懒，没有走神，甚至还很专注。但是，我非常不满意她当下的表现，更不满意的是，反复强调的问题她就是不改。她总说作业很多，我宁可她放弃一些不重要的作业。

我为她分析了三点原因。一、作业是为全班同学安排的，不是专为你布置的，它的作用是巩固，你的任务是提升。你多次发现，只要有重点地努力，成绩就会提高；相反，一旦陷入盲目状态，紧跟老师的方向，而不是自己的路径，你就会疲于应对，提升得很缓慢。二、考试是有选择性的，单元考试和综合考试不同，平时考试和学期考试不同，中考建立在这些考试上，选择考察的知识点都有典型性，决定了我们要把握好重点，这其实就是你要努力的方向，是你应该花时间的地方。三、习题答案是有片面性的，不要花过多时间追求标准答案，要知道中考审卷只看关键词，面面俱到的答案没必要，你没注意到答案本身也是"参考"，还把它当成标准和宝典，这难道不是跑偏了吗？方向偏了，怎么到达终点。

其实，她的根本问题在于总想掌握所有的知识点，想从体系上把握整体，认为每一个知识点都有联系，某个知识点没学好，会影响很多其他知识点。虽然我反复强调她的问题，也用很多的方法和她沟通，但是她的坚持在这个阶段变成了固执，导致学习效果不好。

中考前的 90 天已经不能"试错"了，如果这个阶段还在"试错"，中考很可能会失败。所以昨晚我对西西发了脾气："你一直在用完全没有意义的方法学习，我每天这样陪伴你，效果是什么？我已经告诉你问题所在了，你还是固执地按错误的方法做，我非常不高兴。"

说完之后，我就回房间睡觉了。

今天上午，我还是很不高兴，上学路上根本没搭理她。她也不说话，就跟在我后面，一言不发。路上，她好几次想和我说话，我也看得出来，但我就是不理她。

午间，她来找我吃饭，脸上带着微笑。

"干吗，你想干吗？"我故意针对她。

"吃饭吧！"她对我说。

"气得不想吃饭了！"我故意说。

"嗯……"她不说话了，然后耍赖地扯着我往外走。

看到她这样，我也没办法了。但是，吃饭的时候，我还是"恶狠狠"地对她说："要是写作业还这么慢，还这么浪费时间，我真的会生气的。"

她微笑着点头，心情明显好了很多。

"说真的，我们已经过了'试错'的阶段了，你不能再盲目努力了，你需要清醒一点。我的焦虑不是因为你没有取得好成绩，而是因为你没有采用好的方法！"我语重心长地说。

实心球的故事

西西在体育中考项目中选择了实心球。但是两次模拟考试中，她的成绩都是刚刚压到满分线，老师也很不客气地给了 9 分。半个月下来，西西不禁有点怨言，认为如果选择跳绳她明明能拿满分的，我却偏让她选择实心球。

我说："跳绳考试要跳 1 分钟，无论是消耗的体力，还是对心理的考验，都远远超过实心球，会影响后面特别需要体力完成的 800 米跑。而且，跳绳有不确定性，很容易出意外，一旦出现问题，不可挽回。至于实心球，对你来说，它是问题吗？你有 174 厘米的身高，只要稍加练习，肯定能拿满分。而且它很轻松，只需要一扔，一秒钟就拿满分了。"当时选择这个项目，她也是这么想的，但练习了半个月，成绩只是从 8 分提升到 9 分，她就有点不确定了。

每天放学后，我都会陪她练 10 分钟掷实心球，晚上回家再训练她的背肌。

放学时是下午 6:20，西西开始练习实心球，还没练几次，刚好几位体育老师下班路过时看到了我们，其中也有西西的体育老师。于是，体育老师们就停下来看她的动作，又有几个晚自习值班的老师晚饭后在操场上散步。于是，操场上出现了一个人投掷实心球，六个人围观的壮观场面。

老师们的分工很明确。体育老师负责分析西西动作的不足，用专业的眼光审视她的动作，寻找关键点。其他老师负责鼓励、加油和看结果。西西明显被感动了。

"来来，将你的重心放在后面的腿上，这样才能'蹬'得有力量，否则你的腰部、腿部发不出力，投掷不出好成绩！而且，投掷的时候要猛吸一口气！"这是柏老师。

"调整一下握球的手势，再握紧一点，不要留太多空间，充分发挥手指的力量。"这是玲玲老师。

"注意你的角度，你的身高要配上相应的角度，抛物线才能完美地将你的球带到满分！"这是上官老师。

"西西，随便投掷都可以满分的，只要你重视！"这是围观的李老师。

只见西西猛吸一口气，然后后仰，重心后移，1—2—3，猛地一掷。

"呀！"众人发出一声惊呼，西西直接掷过了满分线，这可是她第一次超出满分线30厘米。操场上响起一阵噼里啪啦的掌声，西西试图用平静的表情掩饰激动。

西西又连着投掷了三次，有两次满分，最差的一次也在9.5分的线上，比以前每次测试成绩都要好。

"好啦好啦，今天就练习到这儿，休息吧！"我怕耽误老师们的工作，就结束了今天的练习。

但是，老师们仍意犹未尽："要掌握好用力方式啊！""要好好记住满分的经验呀！"

西西用力点头。

回家的路上，我觉得今天的练习真的值得西西记住，就突发奇想地问她："如果你是老师，经历了今天的这个场景，你会给学生讲什么？"

"感恩！"她毫不犹豫地说。

我笑了，笑得很开心："感恩什么？"

"感恩老师们的友好！"

"还有吗？你可以换个角度，比如从老师的角度思考。"我引导她。

"嗯，老师们很善良，对学生满怀期待，主动帮助学生，对学生是无私的好，还有真正的爱。"这次满分对她来说是很大的突破，她的话变多了，思路也清晰了。果然，**成功能给人自信和动力，带来许多我们意想不到的效果。**

"什么是无私的好呢？"我继续引导她。

"就是那种没有目的、不求回报的好。"她回答。

"是呀，只有这样的好，才是真正的好。"我对她说，"这个世界上，最希望你好，无私对你好的有两种人，一是亲人，二是老师。"

"嗯！"

"看到你今天的样子，我真开心！看到懂得感恩的孩子，做爸爸的非常开心。"我的夸奖让她也开心。

终于要熬过去了

6:35，闹钟响了，西西的妈妈开始喊西西起床。

6:40，没有任何声响，我知道这是西西的习惯，于是第二次喊她起床。

6:45，西西终于揉着惺忪的双眼，从房间走出来。

我叮嘱了一句："速度啊，姑娘！"

她睡意未消，晃晃悠悠地去洗漱。

我坐在餐桌前，想快速吃早饭。她基本清醒了，微笑着"晃"过来，坐在我面前。

我头也没抬，对她说"赶紧，否则又来不及了。"我看了一眼时间，已经 7:07 了。

可能紧迫的氛围让她觉得有压力，她看看我，长长地叹了一口气，看着面前的饺子。

"姑娘，你还要和饺子对话吗？"我的话让她笑了。

说话间，我已经吃完了一碗饺子，而她还在端详着第一个饺子。

"你要这样，等会儿让妈妈给你打开一辆共享单车，我先走了！"我带着她的作业包直接开门走了，"书包你自己拿，我也拿不动。"

我想，这样她的动作总会快一点吧。我乘电梯下楼后，在大厅等她，预计她会在 3 分钟之内跑出来。

3 分钟了，她没有出来。我看看时间，已经到了 7：18 了，这下就算把自行车骑成飞车也来不及了。

我下楼后的第 5 分钟，她终于出现了。

我脸色一沉："要有时间观念，这是对别人最基本的尊重！尊重我，尊重班级，也尊重你自己！"我的话不太客气，她看了看我，默默地跟在我后面。她估计是理亏，心虚了。

正好一辆出租车过来，我赶紧招了招手。

我们总算按时到达了学校，这一路的沉默也说明了我的不高兴和她的不开心。我觉得，有些东西要辩证地看，换个角度，可能会丰富她的人生经历。

我是在吃午饭时和她聊这个话题的。

"今天 29 号了，3 月份快过去了。对这个 3 月份，你有什么感受？"我让她先感受一下。

"没什么感受，就那样吧！"她回答得很简洁。

可能因为这是一个很突兀的问题，她从来没有思考过。忙碌的生活让她忘记了思考。

我换了一个角度："你是怎么经历这个 3 月份的，如果用两个关键词来概括，你会选什么词？"

"就那样吧！"她的回答有点奇怪，可以看出她真的不太在乎这个问题。

"你累吗？"我问她。

"这是什么话呀，你说呢？"她不满地反问，又马上补了一句，"如果不跑步，就不累了。"

我愣了一下："你是因为跑步才累的，学习不累吗？"

"是呀！"她一边说，一边点头。

"女儿，你真的是人间奇才呀。"我调侃道，"很多人都被学习累得气都喘不过来了，你还可以优哉游哉的，竟然还把很多人期望的跑步放松时间看成累人的原因。不过也好，再过几天，体育中考结束，你就可以安心准备文化课的考试了，那时候你应该是充满动力的。"

她没想到我会这样解读，想说点什么，结果发现给自己挖了一个坑。

我换了个话题："你有没有发现，经历了一个艰难阶段后，再回头看这段经历，会发现自己有很大的进步？人就是这样，在经历中成长。生活中经常有这样的阶段，黎明前的时刻是最黑暗的，因为它正要迎接光明！

"3月份很慢，很难熬，老师要赶教学进度，学生要准备考试。可是4月就要到了，它是无数次考试组合在一起的一个月，有各种各样的小中考要应对，这种不断出现的考试，分数不多，影响却大。对我们来说，应该在3月养成好的习惯，特别是节约时间的好习惯，这样你的4月才能有一个非常美好的结果。"我搭着她的肩膀，一路走一路说。

第九章 | **4 月** |

以勇敢的心面对
接踵而至的小中考

SUN	MON	TUE	WED	THU	FRI	SAT
					1	②
3	4	5	6	⑦	8	9
10	⑪	⑫	⑬	14	15	16
⑰	⑱	⑲	20	21	22	23
24	25	㉖	27	㉘	29	30

04

用换位思考的方式来应对吵架（一）

我和西西又吵架了。这次是在操场上吵的，我很不客气，西西很委屈地流泪，甚至愤怒地用拳头打自己的头。能看得出，她的情绪已经到了极点，但我也是，我努力控制着自己，咬着牙对她说："周围还有那么多人，我们在公共场合，希望你注意！我不希望你这样不讲规则，更不喜欢你无理取闹！"

她用倔强的眼神看着我，一副"我就这样，你能拿我如何"的样子。

我生气了，扯着她的袖子："过来！跟大家一起！"

她用力甩开我的手，在众人面前，我们的动作都不大——这就是父女感情的影响吧。但当时的我们也都没有时间和情绪想到这一点。

她转身走到操场中间，坐在地上看书，一点理我的意思也没有。

我怒了："起来，这样读书没有什么意义。你没必要这样，对你没有帮助！"

她咬着牙说："明天就考试了，为什么我一定要在今天跑步？"

"可你还有几天就体育中考了？现在不积累体能，考的时候出问题怎么办？"我为她的固执生气，"明天的考试只是模拟考，没必要担心！"

她根本不想理我，只管自己坐着看书。

我对她下了最后通牒："我倒数三个数，如果你不完成今天跑 8 圈的任务，你自己看着办！ 3—2—1！"

我的话刚说完，她顿了一下，然后从地上站起来，恨恨地瞪了我一眼，丢下一句："跑了也没有用！"然后，慢慢地绕着操场开始跑步。操场的一圈不过 200 米，她能慢则慢，我知道她在用这样的方式"告诉"我，"我就这样，你能如何"。我忍无可忍，可还是要忍着气看她跑完。

每当她从我身边经过，我都会冲她喊："快一点，楼上老师在上课了！"只有用这种方式，才有可能刺激到她，让她快点跑完回去上课。

没想到她跑完一圈回来，丢下一句："老师说了，这节课不讲知识点，让我们自己看书。"

很快，她跑完了 8 圈，朝放书的地方跑去，取了书，头也不回地朝教室跑。我在身后大声喊她："你先站住，给我站住，我有话说。"

一切都是徒劳的，哪怕我是特级教师。

……

事情的开始，是这样的。

每周有两天没有体育课，下午第三节课下课后，学生们要练习跑步。别人去跑步了，她却拿着复习资料跑到我的办公室，想用这个时间复习。我知道她想学习，而不是逃避跑步。

"大家都在跑步，你为什么要搞特殊？"我问她。

"明天就考试了，今天有什么必要跑步？多跑一天会怎么样，难道不能让我背书吗？"她很不理解。

"你要遵守规则，应该对自己负责。对你来说，体育中考只剩 10 多天了，需要你全力以赴。"我很理性地说。

"9 分就 9 分，我不在乎那 1 分！"她很倔。

这句话有点刺激到我了，我一把拉起她："走吧，和我一起下楼！"

虽然拉着她，但我的语气还是温和的。

只是谁都没料到，我们后来爆发了争吵。

她回到教室后，我开始跑步。我一直在思考，该怎么和她谈话。这一次，我不想用简单直接的方式去说服她，也不想以说教的方式替代她自己的思考。孩子已经长大了，有她自己的想法，渴望独立，我只有尊重她，选择好合理的方式，才能帮助她成长。

用换位思考的方式来应对吵架（二）

亲子之间的谈话也好，沟通也好，有时候大人以为对着自己的孩子，可以随意一点。殊不知，孩子也是独立的人，需要被尊重。

直接指出错误，说教式的谈话并不被青春期的孩子接受。她们希望在被尊重的前提下，被平等对待，希望自己的价值被看到。

"所谓理性，就是透过现象看事物的本质，我想和你谈 3 个观点。"我一开始就把话题定位在理性分析的基础上，西西也坐直了身体，专心听我说话。

"第一，我们可以不在乎那 1 分，可是我们有条件放弃这 1 分吗？"我的问题让她沉默了。

"去年中考，温州中学和温州二高的分数线只相差 9.5 分，二高和三校的分数线相差 10 分，每一层次的差别都不是特别大。10 分，平均到每门课里，不过是一门课 1 ~ 2 分。每次考试后，你却发现自己每门课都丢一些不该丢的分数。它们加在一起，何止 10 分。现在你可以不在乎，但我们有这样的底气和能力不在乎吗？对我们来说，只有珍惜每 1 分，不断累积，发挥最好的水平，才能看到自己的进步。三年来，你每次考试，都不是全力以赴地投入，所以才会有这样的结果。也就是说，你没有见过最好的自己。你以后不会为此遗憾吗？难道你要在未来某一天，对自己、对大家说——早知道这样，我当时……"我的语重心长和条分缕析终于打动了她，她的脸色明显变了。

"第二，珍惜每 1 分，在中考中代表了什么？体育课和文化课的分数一共是 720 分，看起来丢 1 分、2 分不算什么。但是，你似乎忘记了一点，体育课的 40 分是你可以直接拿到的，而剩下的 680 分中的每 1 分，你都没有绝对的把握。就是最简单的题目，你有时候也会出错。而这 40 分，只要能力达到，就不会丢分，就会给自己一个好的交代。你说呢？"这样的分析，她很容易懂。但是懂和行动上的改变是两回事，不过，我也不是特别担心，反正总有提醒她的机会。

"第三，要想成功，不仅要努力，要有能力，还要有正确的思维方式，稻盛和夫提出过一个成功公式：成功 = 思维方式 × 努力 × 能力。对于这个公式，他给努力和能力的分值为 0 ~ 10 分，但给思维方式的分值为 –100 ~ 100 分。也就是说，如果思维方式错了，再努力，结果也是反向而行。结合你的表现来看，你很努力，能力也够，还很珍惜时间，但是这次跑步不只是一次跑步，它是锻炼身体、获得分数、提高能力和放松压力的机会。你的思维方式破坏了规则，是负向的。你能明白吗？"这条公式出乎她的意料，她陷入了思考。

"我说完了。"我看着她，没有催促她回应。

她点点头，和我一起整理东西准备回家。我知道，她接受我的建议了。

亲子沟通最重要的是站在事实的基础上，换位思考。在情绪上理解孩子，用事实帮助孩子认识问题、解决问题。这一切看起来是有招，实际又是无招，一切都建立在亲子信任的基础上。

一模后哭了，中考后再笑

"我很烦！""我很不舒服！""我不知道为什么这样！"西西今天已经好几次出现负面情绪了。

也许是因为一模之后吧。

一模并没有如她所愿取得应有的成绩，特别是数学。前几次数学成绩的提高，并没有延续到一模考试中。她甚至在运算时还出现了"三三得六"这种奇怪的错误。我看着她的无奈，也在想办法帮助她。

班里出问题的，不只有她，还有很多孩子。我想给她，也给全班孩子写一封信。

信的题目就叫《一模后哭了，中考后再笑》。

孩子，一模结束了，是不是想哭？那就对了，因为这才是一模正确的打开方式。

这些年，我一共带了 10 个初三，经历了 10 次一模考试。每一次，所有人的情绪都一样，一模之后，有的人哭，有的人难过，有的人郁闷，有的人烦躁。总之，各种负面情绪我都见过。你所有的状态，在我这里都不足为奇。我特别能理解你们，感同身受。如果我是你们，我未必能表现得更好。

我们习惯于沉浸在情绪中，忘记了为什么会有这样的情绪。之所以每个人在人生路上会有不同的成长，是因为有些人懂得去看事物背后的原因。

一模有三"考"：考现实、考问题、考方向。

考现实，就是考核你的现状。距离中考还有 80 天，你是否具备了足够的知识、能力，是不是已经建立起完整的知识体系。通过全真模拟，让你知道你的现状是"堪忧"，还是"堪优"。

考问题，就是考你的复习情况，让你明白"中考是怎么考的"。督促你调整复习方式，建立自己的复习策略。可以说，它需要我们做新的规划，这也是磨合自己和中考关系的开始。

考方向，很多人其实不知道什么会考、什么不会考，具体的知识点怎么考，考到什么程度。一模就给你打了个样板，让你知道自己做的题要变了。一模后，你应该知道怎样调整方向，知道自己该往哪个方向努力。

此外，一模还有一个隐藏点，就是考态度。它想通过刺激反思的方式，让我们知道自己还没有做到全力以赴。我们原来只是在投机取巧，算不上全身心地投入。

经历了这个过程，有的人懂得了这些，有的人不懂。懂的人在考完后擦干眼泪，咬着牙继续前行，不懂的人会给自己挖坑，在坑里隐身，逃避现状。

所有的困难都是人成长的财富。人的成长只能发生在突破困难的时候，请珍视你的经历、体验，努力的人会看到其中的价值，它们是一个人成长的关键。一模是一种考验，只有经历过考验的人，才能看见美好的未来。所以，一模后你哭了，没有什么关系。关键是，你要把笑留在中考后。

从一模后的哭到中考后的笑，不是必然，你要知道自己要做好什么，才能在中考之后露出灿烂的笑。这个世界上没有无缘无故的收获，更没有天上掉馅饼。要想由哭到笑，你至少要懂得四个道理。

第一，你应该少看目标、多行动。在这个阶段，很多人喜欢看目标，因为每一次考试都更靠近中考，会让人自觉地去对照标准。但是我们拿着当下5分的准备，去对照未来10分的标准，毫无疑问每次的结果都让人不愉快。与其为这种不合理的结果难过，不如安心去行动，把每一步走踏实。选择对的方式，是当前的关键。

第二，你应该有规划，让任务具体起来。行动很简单，现在很多人都在完成作业后另外做些练习题。很多同学说，这么做，自己心里踏实。可是，大家不是每天都能做到这一点。之所以做不到每天都做，不是不想做，而是被其他事情和惰性影响了而已。只有做明确的规划，知道什么时候做什么事，才能把每天的任务变得具体，而不只是有空的时候才给自己加点任务。坚持一下，你就知道自己该做什么，知道自己能做到什么程度了。**成长的关键就是看到更远的地方，这就是规划。**

第三，你应该有挑战之心和挑战的行动。只是一模考砸了而已，不过是书包里多了一张糟糕的试卷，你要做的是准备好看下一张试卷，挑战下一个高度，把自己能做好的做好；让容易出问题的尽量不出问题；把存在大问题的，尽量努力去解决，这就是挑战，从心态到行动的挑战。

第四，你应该勇敢，要有不服输的信念。生活总有上下起伏。没有人永在顶峰，也没有人总在低谷。只要你有勇气，不服输，你会发现自己总在改变，总在提升。

也许，有人问，万一中考之后"笑不出来"怎么办？没事，把嘴咧开，眼睛向上看，眼泪就不会掉下来，心情也会往上扬。

"奇怪"得不可思议

一模考试，无论是在心态还是在学习成绩方面，西西都有明显的进步，但是在这次考试中她也出现了许多奇怪的问题。

特别是数学考试，数学她考了 120 分，我们都觉得不可思议。以她的水平，不至于考成这样，但是，现实很残酷，特别是那个"三三得六"，让她觉得自己完了，总出现这样的低级失误。我也很担心她会将偶然性、小概率的事情放大，夸大自己的失误，损害自信心。

我在微信上和数学老师聊了西西的数学。对她的一模成绩，数学老师也很惊讶。

我问以她对西西的熟悉程度，这次试卷西西可以考多少分。

数学老师很肯定地说："138 分以上！"

我的估计是 140 分，看来我们对西西的了解是一致的。

我们抓住了问题的核心——现在要解决的问题是什么？中考前的准备就是这样，哪里有弱点就应该把时间放在那里；哪里失分多，就应该抓紧对哪里查漏补缺。

我和数学老师聊后，给西西看了我们的聊天记录。

我说："我找了对你的数学水平最了解的任课老师，她对你的评价是这样的——你能考 140 分！和我刚刚对你的评价一样。我们不是盲目评价你，也不是说你不能出错，而是在你的水平范围内，你应该取得这样的分数。当然，今天也不是为了表扬而表扬，我们也在思考你的问题究竟出在何处以及你接下来要做什么。这才是我们没考好后，应该反思的地方，也是我们可能获得的财富。"

我们的评价给了西西一份动力，西西把试卷拿回去看。我发现她对待问题更慎重了。晚饭后，她问我："我到底该做什么样的练习呢？"

"不着急，明天爸爸陪你去找一下老师，我们问问老师，针对你的现状，有什么题目可以推荐的。"

"嗯嗯！"她很爽快地答应了。

我发现，看到了自己的可能性之后，西西做题的速度快了很多。这就是信念的力量吧。

能力不会突然消失

"唉！"一声叹气后，"砰"的一声，一个本子被扔在桌子上。

"怎么回事啊！"

"搞什么呀！"她怒气冲冲地看着莫名其妙的我。

"啊！"她又发出一声大叫，然后冲自己喊，"我怎么是个'傻子'一样的人？！"

"怎么了？"我问她。

"为什么我什么题目都做不出来？我发现自己的数学灵感全没了！"她很悲伤地说。

"不至于吧，就这么一天做不出来题，你就说自己失去了灵感，这是什么意思啊？至于这样妄自菲薄吗？"我调侃她。

她心情不好，根本不理我："就是这样，也不是今天。而是，这几天都是这样！我觉得自己在这次数学考试之后，失去了关于数学的好多好多……"她看起来很悲伤。

"傻丫头，对你的数学能力，大家都认同。谈什么失去呀，有什么好失去的？那些长时间累积下来的能力怎么可能一下子失去呢？它们一直都在，只是偶尔'隐身'一下而已。"我宽慰她。

"这个怎么可能'隐身'？你说不会失去，那我怎么什么都想不起来？你在骗我！"她的情绪还在。

看来，这个阶段的小中考真的给了她压力。在压力下，人的情绪和行为会有变化，可能这就是她情绪失控的原因吧。

我没有就这个问题再说什么，换了轻松的语气说："去吧，赶紧洗漱一下，洗脸刷牙，准备睡觉。在这个阶段你可能会焦虑，可是不管怎么焦虑，每天醒来之后，昨天的焦虑都不会存在。要么心情平静，要么开始新的……"

"日子？"她问道。

"焦虑！"我回答。

"你……你……"她指着我，然后去洗漱了。

洗漱完毕，她躺在床上准备睡觉时，我过去靠在她的身边。每天晚上，我们都会聊几句，然后互道晚安。这也是孩子生成安全感的基础。今天我们的话题，就是她的情绪。

"你心情不好，根本不是因为丢了什么灵感，也不是你真的出了什么问题，更不是你再也做不出数学题了。我对你很信任，一点都不担心你所谓的出现的问题。原因很简单，那就是你总会在关键时刻，表现出你的能力。"

"啊？！真的吗？"她惊讶地看着我。

"你自己想想看，是不是。"我很肯定地回答。

"嗯。"她带着笑容，躺下来，很愉快地睡觉了。

"晚安。"

和孩子谈话就是传递给孩子观点。什么样的观点孩子能接受，用什么样的形式传递这样的观点孩子能接受，都需要家长考虑。对初三的孩子来说，谈话要科学、合理，态度要尊重，才会给孩子很大的安全感，这是亲子沟通的关键。

"我满分了！"

体育中考的时间到了，早晨西西一醒来，就告诉我："我紧张了一晚上。"眼中的焦虑都要溢出来了。

我不想安慰她，也不想对这件事展开探讨。总是为同一件事情纠结，只会产生更多负面情绪。此外，我也有点紧张，不能让她看出来，否则给她造成的焦虑就加倍了。

我笑着说："遇到大事紧张也是正常的，说明你很重视这次考试，说明我们面对的事情很重要。我们接纳这些，内心就会慢慢平静下来。"

听完，她默默地靠在我身边，抱了抱我。

我什么也不用说了，安静地做她的依靠远比讲道理有效得多。

过了一会儿，我能感觉到她放松下来了。

接下来就是洗漱、检查要带的东西，忙忙碌碌。我们是在规定时间出发的，我一边看时间，一边想今天路上的送考家长会很多，红灯也会多，该怎么办呢？万一迟到了，家长们估计比我还焦虑吧。

很奇怪，今天一路绿灯，从家到设为考场的 22 中，长达 6 公里的路，竟然没有遇到一次红灯。

"我预感今天你的考试一定很顺利。"我对西西说。

“你怎么知道呀？”她笑着问。

“你没发现吗，我们今天开车过来一路都是绿灯，没有遇到红灯呢！”

她看着我笑："这能说明什么？"

“说明你今天很顺利呀！”我煞有介事地说。

她笑着："你是不是紧张呀？"

“嗯，有点。”我承认了，“但更多的是兴奋，因为要见到你中考了！”

到场，整队，热身，听注意事项……都在忙碌，但有条不紊地进行着。时间过得很快，马上就轮到班级报到了。西西略紧张，我忽然有点不敢看她。我怕自己脸上带着焦虑，怕自己流露出来的紧张被她捕捉后曲解。

就这样，我目送着她和同学们进入考场，忽然感觉到一阵腿软，原来焦虑是这样的。我找到一个石墩，坐在上面。我特别担心她练习了十次只有两次拿满分的实心球项目，一旦这个项目出现问题，下一个非常考验心态的排球，她就容易出问题，接下来的 800 米跑也会受影响。想到这些“连环效应”，我有点害怕了，头皮都是麻的，但我还得强装镇定。我甚至感觉在这样的焦虑中，自己的头发慢慢变白了。我忽然明白为什么西西读初中这 3 年，我的头发白得那么快。平静中隐藏着焦虑，实在是太难了。

她在考场，我在外面，所有的问题都需要她自己面对。我安慰自己，相信自己这么多年对她的培养和教育是有用的。

很快，手机里出现一条信息。是一个巡视的老师发来的，那位老师看到西西在考试，也认识她，看到了她的实心球考试。

“7.1 米，实心球！”信息上只有寥寥数字，对我来说却是最美的文字。6.9 米是满分线，她总算过了实心球项目这一关了。我一边兴奋地走来走去，一边和身边的老师分享这个喜讯。

一会儿，又收到一条信息，"排球，满分！"。我不禁露出牙齿"嘿嘿"地笑了。接下来就是 800 米跑了，相对于这个凭实力的项目来说，只要她努力去争取，我觉得没有问题。虽然她就跑过一次满分，但这样的氛围会极大地提高她的成绩。

从选项测试完成，到 800 米跑的考试，时间真是难熬呀。考场里面传来消息，说仪器出了问题，断网了。唉，这可是中考呀。

盯着手机上的时间，我担心她会冷，担心她状态不好，担心她腿会跑麻，担心她前两天的扭伤还没有好彻底。就在我的耐心逐渐耗尽时，她出场了。

还没等我许个愿，她就和一批同学冲出了起点。我最担心的是 300 ~ 500 米阶段，这是最难熬的一段距离，平时她都会放松一下，到后面再冲起来，很难有好成绩。在 3 分 10 秒之内，女生跑完 800 米不是一件容易的事，每一刻都不能放松，每一步都要争取。

我紧紧盯着这个阶段，很明显她没放松，比平时快了很多，能看出来她是在咬牙坚持。我隔了好远，冲着跑道上为她大喊："西西，加油！加油！不要放松！"我知道她能听见。

过了这个阶段，明显看到整体的速度上来了，她在我们预定的点位开始冲刺，这里有 200 米，是冲刺并取得好成绩的关键，她排在前六位。"冲刺！冲刺！"我在"歇斯底里"地大喊！恍然中，她"起飞"了，一直跑向终点。

"应该有满分的！"老师们这样和我说，可我还是不踏实。

我知道，接下来她需要缓口气，看成绩，算整体分数，整理东西，和同学一起三五成群地走出来。可是，我真希望她能马上出现，然后笑着告诉我："我满分了！"

我知道，有期待的等待是最久的。

终于，她出来了，她的面色平静，但怎么也掩饰不了得意。

"满分了？"我还是要确认一下。

"嗯！"她得意的样子溢于言表，笑着说，"你猜我跑了多少？"

"两分多？"我故意"扯"了一句。

她用力拍了拍我："瞎说啥呢，我跑出最好的成绩了，3分4秒！"

"呀！"我两眼放光，"哈哈哈哈……"一阵狂笑，心里的那块石头落地了。我用力抱了抱她，彼此都笑了。

我还在等其他孩子出来，西西也在旁边等着。

过了一会儿，一转头，我看到她拿出"历史与社会"的资料专注地背起来。

冲突不宜扩大

体育考试已完成了大部分，剩下的还有游泳项目，对西西来说，这个项目基本没有问题。所以，昨天考完后，我带她去吃了饭、买了礼物。回家路上，西西的妈妈说了一句"接下来你的文化课要注意！"让西西不舒服了，"你怎么这样？刚刚结束体育考试，你就逼着我这样那样。"

我一句调侃"毕业班不配放松呀"更是火上浇油，她朝我的"腰间肥肉"狠狠地抓了一把，看我痛得龇牙咧嘴，她才感觉自己的情绪得到了释放，示威般地朝我们看了一眼。

我大叫："西西，你对你爸下手这么狠呀？来来来，我让你尝尝味道！"说罢，我作势朝她动手，她吓得拼命闪躲。在一阵打闹中，刚刚那可能会"爆炸"的情绪烟消云散了。

但是，这个问题，依旧还在。

我想把问题留到今天解决。一是大家都比较冷静，二是回学校上了一天课之后，氛围又紧张了。

只是，要怎么和她谈呢？能不能不重复谈考试、谈重要性、谈中考，也能让她重视起来呢？在这个阶段，我们的目标很清楚、重点很明确，方式也很重要。

我足足想了一天。

晚饭后，趁着整理餐桌的时间，我拉着西西："来，一起做个题吧。"

"什么？"她很惊讶，"什么题？"她以为我想要给她辅导什么功课。

也对，就是在"辅导"。

"就是算一下，我们在最后的阶段要怎么安排。"我拿出了一张纸，上面写着最后阶段的日期安排。每天一个格子，里面有接下来要完成的重要任务。

"来，我们一起做个题。"说着，我把表格给她看，"第一，把那些不上课的日子都划去。"

她看了我一眼，依次划去了双休日、五一假期、端午节假期和停课时间，划到一半，惊叫，"怎么这么快呀！"

我没理她，只是问她："来，算一算，距离中考的 59 天里，上课的日子有多少？"

她一数，明显心虚了。

"31 天！"她轻轻地回答。

"来，再看看，平均每门学科每天就上 1 节课，你看看，还能上几节课？"

"31 节。"她明显底气不足。

"还有很多学科没有复习好，如果不主动加速复习，你觉得来得及吗？"我继续追问。

她不说话了，摇摇头。

"没有复习完就去考试，你内心的慌乱会不会影响你考试时的发挥？"我还在追问。

她点点头。

"心态带来的影响，造成的失分，会比你努力从体育考试中争取到的那几分，多得多！"我轻轻地说，"我说完了。"

她静静地待了一会儿，没多久就回到桌前，开始学习了。

她非常专注。

在不同阶段，孩子有不同的任务，按照不变的模式养育孩子行不通。面临中考，情绪稳定能促进孩子的积极性，坚定孩子的信心，没必要因为一点事情发生冲突，造成情绪失控。

关于西西成长的反思

我觉得西西的状态越来越好了。试卷中难度较大的题目，她都做得不错，这说明她的能力已经具备了。目前的问题主要出在基础题上，这是复习不完整造成的，导致她的知识体系有漏洞。

但是，整天为听课、作业和看题忙碌的她，要怎样才能抽出时间自主复习呢？我曾经尝试过三种方法。

第一种，催促她提高速度。每天我都会根据她的学习时间看她的学习速度，然后不断提醒她注意效率。开始几次，她还是听的，而且能调整过来。但是时间长了，她有点厌烦，这单一的提醒会增加她的压力，她甚至还出现了情绪化的言语。我立即停止使用这种方法。

第二种，减少作业。她过于细致地做作业，经常将时间花在重复答题和查对答案上。对学习习惯好和能力较强的孩子来说，这种方式不能有效提升成绩。她总是担心老师的感受，一直做事倍功半的事。虽然在我反复提醒她和为她分析利弊之后，情况有所好转，但她仍没有达到最佳状态。

第三种，举例说明。每次遇到问题，我都会分析问题、探寻原因，然后帮助她找到解决问题的合理办法。但用这种方法，从她的角度看，看到的并不是问题的解决，而是对她的否定。几次之后，便又无疾而终了。

问题还是存在的，方法也没问题，可方式引起了她的不良情绪。教育就是这么奇怪，影响结果的因素太多了，一着不慎满盘皆输，不合理的方式会让有效的方法变得无效，让合理的失去合理性。所以，找到合理的方法，还要用她能接受的方式才能帮到她。

定方式，并不仅仅是换位、共情，更重要的是建立策略，只要策略清晰了，解决问题的方式就合理了。我准备从 3 个角度尝试推动她。

第一，从挺好到更好，用积极的态度推动她改变。

西西一直在接受表扬，因为好习惯受到表扬，因为好态度受到表扬，因为好成绩受到表扬。被表扬得多了，容易对表扬麻木，导致她一直认为自己很优秀。她确实很优秀，但这种认知容易让她满足，削弱她努力的动力，降低她的成长渴望。

所以，我得和她聊聊"更好的西西"是什么样的，并从几个方面加以证明，让她从更加积极的视角看自己，看见自己更多的可能性，这或许可以帮助她。

第二，从成功到成长，用优势推动她改变。

当平台多了，优秀的孩子很容易成功。特别是当下众人对于标准的减低和普遍式表扬的增多，导致很多孩子的自信过度虚化，进而产生一些心理问题，这极大地影响了孩子的成长。很多人感到困惑，为什么赏识教不出好孩子。因为我们只看到一个孩子的优点，孩子却看见了其他孩子的优点，进而忽视自己的优点。只有当优点变成优势，才能真正推动一个人建立自信，成为改变自己的动力。

所以，我想为西西记录一个月"西西的优点"，每天记录一个优点，一个月后，让她看见自己的许多优点。然后将它们分类、归纳、联系起来，当她的优点变成优势，就能真正唤醒她的动力。

第三，从过程到结果，用目标推动她改变。

努力中的人之所以会疲惫，是因为在漫长的努力过程中看不到结果，让人感到无奈。这也和个人的思维方式有关。我们不能简单地改变孩子的思维方式，但我们可以学会帮助孩子。

所以，我得和西西重新看看她的目标，找时间带她去目标学校看看，进去体验一下，让她的目标变得更具体、更明确。我期待她在"走入"的过程中，内心被某个点击中，爆发出自己的能量。

每个阶段，我都愿意静下来看看西西的改变，反思我自己的行为，对自己的教育方式复盘、调整或改变。我希望她的成长过程更积极更阳光。这应该是一个爸爸最重要的使命吧。

"矛盾点"一点都不矛盾

西西在家校本上和我说，自己有一个矛盾点："我总感觉作业如果写得太快，思考会不到位，正确率会受到影响。但是作业不快点写完，又没有时间做练习题。怎么办？"

经过几次考试后的反思，我们发现只要作业写得快，晚上有一定的时间整理和练习，西西的成绩就大幅度提升。如果一直应付作业，她的成绩就会停滞不前。

换个角度说，西西不是写作业慢，经过三年的训练，她写作业的速度已经很快了。她的同桌小池多次说，西西的效率很高。但是，为什么西西还要将大量的时间用于写作业呢？她有一个特点，过度细致，对每个问题都做细致说明。特别是文科的主观题，她总觉得不把答题处填满就会被扣分。可是冗长的文字经常会让老师们因为找不到得分点而"痛下杀手"。好几次，我都要在她的答案中特意去找到"得分点"，颇费时间。

其实"矛盾点"一点都不矛盾，"写作业太快"和"思考不到位"不是一组相对词，很多人快而准，有的人却慢而偏。但是，她提出了这个问题，说明她一直在"纠结"，不只是行动上，更是思想上。这个矛盾点是思想决定的，只要她能"想通"，行动就会马上发生改变。

我要帮助她想明白，首先，写作业快和思考到位并不矛盾，慢却不一定能抓住要点。对西西来说，快和慢，不是思维的速度，而关系着如何选择答题的内容和果断判断。其次，我们努力是为了中考，平时作业写得好不代表考试可以发挥好，多次经验告诉我们，完成作业后做的努力，才是成功的关键。

于是，我们有了一次这样的谈话。

"西西，今天我们来做几道选择题好不好？"我换了一种谈话方式，不想总是苦口婆心、语重心长的，那样会让她的压力加大，产生更多的焦虑。能用轻松的聊天让她有所感悟，是最好的。实在不行，就先从行动上进行调整。总能找到适合她的方式，我们还有 50 多天的时间，应该能搞定这一问题。

"好呀，是什么样的选择题？"她有点好奇。

"你说，是中考的结果重要，还是作业写得好被表扬重要？"我问了一个很简单的问题。

她很奇怪地看了我一眼："当然是中考的结果重要。再说，写作业不就是想让中考的结果更好吗？"

"那就再来个判断题。作业写得仔细，中考一定能考好！这么说对吗？"我继续出题。

"那肯定不是！"

"再来个判断题。作业写得不认真，中考就能考好！"我继续胡说。她已经知道我要说什么了，白了我一眼。

我笑着说："有时候，我们会走上一条错误的路，因为没有看到结果，路上的风景也差不多，就会误以为这是正确的路。如果我们不及时调整，待看到终点时，才发现自己走错了，呼天喊地也没用。所以，如果我们判断清楚，经过多次事实证明后，确定这是正确的路，就应该去走，而且还要走熟练。"

她沉默了，脸上少了嬉笑，很认真地思考着。

"不着急，想清楚，明天回答我。"

"嗯。"她轻轻地答应了。

小中考

4 月是小中考聚集的月份，说起来很复杂，但其实只有两个考试：体育考试和英语口语考试。由于体育考试中的游泳和素质考试是分两次进行的，加上今年的游泳考试又推迟了半个月，再加上几次模拟考，让人感觉整个 4 月一直在考试，没有双休日，没有喘一口气的机会。

毕业班班主任兼学生家长的身份，让我疲于奔命。西西的咳嗽还是没好，虽然已经吃了好多药，还是咳嗽不断。我担心她在游泳时忽然咳起来，发生呛水，那就麻烦了。

本区的游泳池还没有开放，我只好找了另外一个区的，约了老师，连续两个晚上带着西西做适应性训练。直到昨天晚上训练结束时，老师对西西说"明天，你就用这样的速度游就好"，我才稍稍放下心。

早晨，西西还是微微咳嗽，两天的训练对她并没有太大的影响，我只能让她多喝水，尽量控制一下咳嗽。我和她意见一致，都不想缓考。缓考和五一期间的训练，会打乱整个复习计划。

我想，那就拼搏一下，也许老天喜欢努力的人。

西西热身时，我就在不远处。体育老师教得很认真，西西也很认真。我计算她的咳嗽频率，一般 4 到 5 分钟，她会有一阵比较剧烈的咳嗽，其他时候还可以。即使是在热身的时候，她的咳嗽也是这样的频率。她游 100 米需要 2 分 30 秒左右，咳嗽不会影响到她。

送她检录时，我叮嘱了她两句："你在开始下水的时候，想咳就咳一下，没事的。这样，你就可以在游泳结束时再咳了。万一真的在游泳的时候咳起来了，并导致呛水，一定要举手示意，申请再来一次。"

她点点头，看了我一眼。我知道，她看出我有点紧张。

我此地无银三百两地补了一句："不要看我，我不紧张，我只是觉得需要提醒你。你随便游就行。"

她笑了："记住，我出来后，要请我吃一个九山湖冰淇淋，还有，从今天开始我要有下午茶甜点！"

"当然没问题，我等你！"我笑着说。

从西西进游泳考场到她出来，47 分钟，这段时间，我一直在不停地走动，虽然保持着微笑，但内心还是不安。

直到她顶着一头湿发平静地站在我面前，我问："咳嗽了吗？呛水了吗？"

她摇摇头："没有。还可以，我就是用普通的速度游完了全程，没用太大的力气冲刺！"

"那你得满分了吗？"我追问。

"我也不知道，应该可以吧。考官也不告诉我们分数。"她说。

"那没事，我们等等吧。"我指着成绩公示栏说，"等等就会有分数的，不着急。"我知道她能拿满分，没有意外的话，肯定是满分！

一会儿，成绩出来了，2 分 40 秒，满分！她看起来很满意，当然，我也很满意。在体育考试标准大幅度提高的第一年，她的表现很完美。

从游泳馆出来，她举着九山湖冰淇淋，一副很满足的样子。

我说："这次体育满分，是你努力了一个学期的结果，你有什么感想？"

她不说话，一边吃着冰淇淋，一边看着我。我知道，她在等答案。

"是不是告诉我们——努力一定是有用的？"我看着她说，"你在这个过程中的努力，让你今天拿到了我一开始想都没有想过的分数，太完美了。所以，接下来，剩下的 650 分，你需要做好一切准备，相信'努力一定是有用的'。"

她用力点头，眼里满是坚定。

第十章 | **5 月** |

积极阳光的状态

SUN	MON	TUE	WED	THU	FRI	SAT
1	②	3	4	5	⑥	⑦
8	⑨	⑩	11	12	13	14
15	⑯	17	18	19	20	21
22	㉓	24	㉕	26	㉗	28
29	30	㉛				

积极阳光的气息

距离中考还有一个半月，我为这个月定了主题：积极阳光的状态。我希望西西以积极阳光的状态经历这个月，无论遇见什么，都能用向上的心态面对。

今天轮到我在学校值班，我带着西西来学校了。

西西说，在我身边学习时会很专注、很踏实。我很开心，这就是我这么多年来一直想要为她建立的安全感。有了安全感，她对我的信任才会推动她成长。我喜欢这样的感觉，喜欢她在此基础上生成的各种美好。

她站在我面前，指着咖啡机问："这几种图标代表什么？"

"不同的咖啡呀！"我说，"这是意式，这是美式，这是卡布奇诺……"

"什么是意式，什么是美式，什么是卡布奇诺？"她问得很认真。

"这么说吧，简单地介绍，意式就是一种浓缩咖啡，就是短时间用高压冲出来的咖啡，它比较浓，给你的感觉就是咖啡味很浓，而且很苦。美式，就是我们平时喝的萃取咖啡，或者说是在意式咖啡里加很多的水。卡布奇诺是在意式咖啡里加很多的牛奶。"我简单"贩卖"了一下我苍白的咖啡知识。

看着她的样子，我补了一句："怎么样，准备试试哪一种？"

她沉吟了一下："那就卡布奇诺吧。"

我知道她怕苦，只会选择这一种。"可是没有糖可以加，有问题吗？"

"试试吧，应该没事。"

"哈哈哈，好的。"我拿过她准备好的杯子，做了第一杯真正意义上属于她的咖啡。

以前，她从来不喝咖啡，说是怕自己喝了就睡不着，而且说咖啡中的咖啡因会让人上瘾，所以，一直很抗拒喝咖啡。近来可能是因为看到一些公众号上的文章，加上学习很疲惫，她想尝试咖啡了。

"来，试试！"我递给她。

她尝了一口："好苦呀！不好喝，但很香！"她喜欢闻咖啡味。

"没事，试试看，慢慢就习惯了。喝咖啡有很多好处的，你可以慢慢来，不着急，今天能喝多少就多少。"我笑着说。

她端着咖啡，安静地坐在我面前，开始了今天高效的学习，5月开始了。

上午，一个朋友问我："你们家西西是不是学习上都不用你操心？"

我笑着说："现在是，基本上不用我操心了。她态度端正，自我要求高，学习状态也好，效果也可以。"

他一脸羡慕地看着我："你真幸福，命真好！"

我很认真地对他说："你一定要知道，我现在不操心，是因为以前很操心。世界很公平，只有付出，才有收获。至于想在什么阶段付出，是个人的选择。"

陪伴孩子的成长，会看到孩子的状态在逐渐提升，感受到孩子成长的样子。西西让我看到她的积极，同样，她也为自己带来了阳光。5月开始了，这会是美好的一个月。

数学考试是用来训练心脏的

我的心脏是被西西的数学考试训练强大的，我曾笑着调侃说："西西，你爸的心脏是在你的数学考试中变得越来越强大的。"

每次谈到这样的问题，西西就会笑得很奇怪，让我无可奈何。

西西一般是这样训练我的心脏的：

情节一：考完试，她总会和我说："哎，这次有好几道题做不完，后面的题都是乱做的。"我心里"咯噔"一下。

情节二：数学老师喜欢在考完试后把成绩优秀的试卷拍照片发到群里。每次见到数学群里的照片，我就会仔细寻找有没有西西的试卷，但经常失望地发现并没有。西西似乎每次小考都云淡风清，我的心里却有些失落。

情节三：拿到试卷时，一看试卷，她就对我说："哎，填空题错了两道，还不是最后的题，哎……"数学题的难度值和顺序有关，越到后面越难。她想表达自己的遗憾，一些简单的题做错了。每次听她这么一说，我心里就像猫抓一样难受。

我对西西说："能不能对你爸好一点？他的心脏不能过度训练呀，总是这样，有一天会出问题的。"

西西还是那样笑着，恨得我只能拧她了。

今天又是数学考试。

下午，群里照例发照片，我照例仔细寻找，终于看到她的名字，140分！

还行，这个分数不错，但是考到140分以上的孩子也有好几个。我不太在意这个，我只想知道她这次是不是又做错了简单的题。

"就是错了两道题，第15题和第16题。"她对我说。

这是填空题的最后两道题，难度也较大。她一般只错1道，不会错2道。不过，从另一个角度来看，其他的题她都做对了，包括最难的第24题。

她接着说："哎，做第16题的时间都没有，要不是……"

我一阵头晕，她又开始训练我的心脏了。

"女儿，那我问你，你对考140分满意吗？"

她想了想："还是不满意，我觉得自己至少还能做对一道题。"

"那就是145分？"我强调。

"嗯！"她很认真地点点头。

"这个态度比结果好很多呀，比起140分，让我更开心的是你的心态。永远态度积极，能用自信的状态面对问题，这才是我们考得好的关键。说实话，你有这样的状态，没有什么做不好的。努力过后，不管结果怎样，你都会坦然接受，我也会很高兴见到这样的你，这就是你的成长。"

西西很开心。我知道，她感到自己被认可了。

每个人在成长中都期待被认可，这不仅仅是一种成功。关键是在过程中看见自己的价值，发现自己是有用的，这也是一个人价值感建立的过程，一个人成长的原点。

西西的成长是一个逐渐向好的过程，我相信美好一定会来，她的积极阳光会让她更加自信，而我也会看见更多美好。

我用口语考试来练你的心脏

中考英语口语考试的成绩出来了。西西的妈妈给我发了一条微信："我不敢查，你查了以后告诉我吧。"

过了一会儿，她问我："怎么样，多少分？"

我答非所问："我在上课！"

那天晚上，她告诉我，当她看到我不想说的时候，她就不敢问了。她猜，西西一定没能拿满分，所以我才不愿意说。她说这些话的时候，我还能看到她的紧张。

我是下课时，碰见英语老师叫我去查分，我才去查的。说实话，我没有太在意这件事，反正一会儿学校会公布分数。考试的时候，西西咳嗽、发烧，回家时都是"挂"在我身上的，她在这样的状态下考试，出点问题也实属正常。反正，我能接受她考不好。

相比之下，英语老师倒是对她有些期待，毕竟模拟考时西西已经丢了 1 分，她还是有点紧张。

回办公室后，我上网查询了分数。没有仪式感，也没有紧张，我觉得自己的心态不错，毕竟被西西"训练"出来了。没什么意外，跳出来的分数让我看到了西西的努力，满分！

我将截图发给了英语老师，叮嘱了一句："先不要告诉西西，我还有点事情要做！"

英语老师很开心地回复了一个大笑的表情，然后说："你是不是要亲自给她惊喜呀？"

"不至于，不至于，这个满分，对她来说应该没有什么惊喜的。"

我是在大课间的时候去找西西的，她正凑在科学老师边上想问问题。

我看了她一眼，叹了口气。她有点蒙，看着我，不知道我怎么了，也不知道我要说什么。

我轻轻地对她说："28分，丢了2分，真遗憾呀。不过，也没关系，我相信你还有机会夺回来的！"我觉得自己再努力一点，说不定可以成为"影帝"。

她一下子就傻了，虽然看不到太多表情，但整个人的反应都迟钝了。我故作难受地拍拍她的肩膀，"别灰心，我们还有650分，不担心。我陪你坚持下去！"一切都像真的一样。

她缓过来的时间很快，明显带着不相信："真的？可能吗？"

我一边点头，一边打开手机把截图给她看。

她凑上来看分数，看到一个大大的"30"，马上就知道我在骗她了，朝我踹了一脚。我的身体诡异地一扭："哈，没踢到！"

没想到，她来了个连环腿："叫你骗我，叫你骗我！"她又好气又好笑。

我说："叫你平时训练我的心脏，我就不能训练你的心脏吗？看看你的样子，平时老用数学来吓唬我，今天我也吓唬你一次！"

后来，她告诉我，她当时只是愣了一下，并没有很大的反应。因为其他同学好多人考了满分，她觉得自己不会有问题。

"这就是自信呀，建立在自己能力基础上的自信，只要加上足够积极阳光的心态，相信会有更多更好的表现！"我继续说，"这是一个完美的开始，体育、英语口语都考了满分，现在你需要有良好的状态，去冲击最后的美好！这个过程就是成长！爸爸会和你一起加油！"

　　她笑了。

我只是想知道我会不会

今天二模。

西西看到我的第一句话就是："今天我……"

我知道她的习惯，就接上了："只用了 30 分钟，就把作文写好了！"

她愣住了，然后看着我哈哈大笑，又拗着说了一句："不对，是 20 多分钟！"

我补了一句："不管它了，反正作文也写完了，管那么多干吗？"

她语不惊人死不休："嗯，也是，反正我一通乱写，也不知道要写什么。"

我已经习惯了她的表述方式，顺着她的话说："没事没事，反正也不能重来了，考了就好。"

她白了我一眼，说："今天有句古诗，大家都不会，连小包也不会。反正我交卷的时候，发现大家都空着的，太奇怪了。"

"你也不会？"我知道她的语文基础很扎实，基本上不会在这方面扣分。

"当然不会呀，大家都不会。老师没说过这句诗。"她很不高兴地看着我，意思是我刚刚说过，你怎么还问。

"那到底是哪句诗？"我很想知道，老师出了什么诗句，孩子们居然都不会。

　　她没有说话，催我："走走走，吃饭吧，都快饿死了。"

　　一路上，我们互相调侃，有一句没一句地聊着。

　　坐下来吃饭时，我又问："我还是想知道，到底哪句诗，大家都没写出来？"

　　西西有点生气了："不是说了考试以后不要问吗，你又问，我心情都不好了。"

　　我能理解她，但还是说："我只想试试我会不会啊！我想，到底是什么样的诗句能难住你。你的基础知识非常好，怎么会出现问题呢？"

　　她的心情忽然好了很多，嘿嘿笑着反问："你还记得住吗？"

　　"那可说不定呢。"我一副不服输的样子。

　　"你早就忘记了吧。"她调侃道。

　　直到最后，她也没有告诉我到底是哪句诗不会写。但是，我们之间相对紧张的氛围也不存在了。

　　反思这次沟通，我觉得自己做得不错。

　　如果当时我执意要求她："叫你说你就说一下，你怎么那么多事？"估计我们都会发脾气，带来的负面影响也会很大。

　　但转移一下沟通的"着力点"，就好多了。

　　沟通就是这样的，如果不考虑对方的情绪、状态和需要，只会让沟通变得困难。很多亲子之间的矛盾，都是因为双方都只站在自己的角度思考问题。

　　和孩子沟通，建立在三个关键点上。一是看孩子当时的情绪状态，他们在平静快乐时接受教育要比在烦躁时效果好得多；二是看孩子到底需要什么，这是沟通的核心，只有在这个基础上的沟通才会合理；三是准备好转移关注点用的话题，一旦沟通出现问题，就顺势"转移"话题，换个角度看问题。虽然沟通出现问题并不是特别严重，带来的后果却难以预料。

这三个关键点都是操作层面的。**沟通应朝着积极阳光的方向而去，不打击、不批评、少说教，和孩子一起朝着明亮的方向走，会让沟通的效果更好。**

努力一定是有用的

下雨天，给我和西西留下了最美好的记忆。我们会一起撑一把伞，从学校一路走回家。学校离家不远，走路大约只要 20 多分钟，开车也差不多要用这些时间。学校附近的路修了一年多了，通车还是遥遥无期。

下雨天走路回家，虽然很费鞋，到家时鞋子上没有一处是干的，但我们内心充满了愉悦。西西从来没有要求在下雨天乘车，而是很自然地挽着我，背着沉重的书包，一边走，一边聊。

今天二模结束，她说自己考得不怎么样，我说没事，反正不是中考，考完之后，看看结果，找找问题。没有哪次考试能决定人生，每次考试给我们的任务就是提醒我们全力以赴迎接下一次挑战。

一路上，不知怎么，我们聊起了这三年来她的努力。

"那天游泳考试后，你举着九山湖冰淇淋和我走在路上，我对你说的那句话你记得吗？"我问她。

"努力一定是有用的？"可能是平时和她说得太多了，她有点迟疑。

"当然是这句！我们可以用这句话回顾你三年的初中生活，你会发现你的努力真的有用！"

"初一，你担任班长，你的班级计划展示了你做事的风格和你的领导力，你很注重维护个人形象，几乎所有的方面都有人称赞你。不努力，你觉得可以有这样的成果吗？在学校里，因为我的原因，你要承担比别人更多的压力，但是你扛住了，而且表现得让人无话可说。每个任课老师都和我说过——你们家西西，无可挑剔！虽然有点夸张，但也很真诚。

"在初二时，你被推荐参加全国中学生演讲比赛，虽然去不了重庆，但经过一个暑假的训练和反思，不善言辞的你，在努力之后，竟然有令人惊艳的表现！

"还是在初二时，因为你在学生会和团委的优异表现，你被推荐为温州市优秀学生，这是爸爸努力这么多年也没有的荣誉。我真的很骄傲，因为我看到了你是怎样一步一步走过来的。

"初三的教师节，你被学校团委书记推荐为学生代表发言，当我看到你泰然自若地站在台上，清晰地向全体教师献上祝福的时候，我的耳边响起许多老师的赞叹和羡慕。会议结束后，所有我碰见的老师都表示，你的发言太棒了！

"你看，这些都是你努力之后的成果！三年，你的成长历程不就证明了'努力一定是有用的'吗？说真的，我很为你骄傲！"

西西很安静地听着，挽着我，一路走，一路微笑。

"现在，离中考只有35天了，说真的，我一点都不担心你考成什么样。因为你的努力告诉我，你不会考差。中考并不能决定你这一生，它只是告诉你，该全力以赴了，该调整自己的状态了，该发挥自己的能量了，该用好各种条件以最好的状态表现自己了！"

一路上，我絮絮叨叨地讲着，西西安静地听着。身边的人来来往往，但是我们的世界是安静的，是专注的，是美好的。

我得有个计划

"最后一个月了，我是不是应该有个计划了？"西西问我。

"怎么了？为什么突然这么想？"

"我觉得要有个计划辅助我规划好这个月，帮我提高效率，也让我在这个阶段心里安静一点。"

她讲得很有道理，我同意了。

我先让她写出自己最想做的事，也就是她对自己的认识，让她厘清什么地方有漏洞，什么地方该补补。经过几次考试，在学科老师的指导下，她应该也知道自己要完善哪些方面。

过了一会儿，她写好了。

语文：每天 1 篇阅读加文言文；每天 1 句名言积累；数学：隔天 10 分钟基础题和 60 分钟练习；英语：每两天 40 分钟阅读理解；每天背词汇表 3 页；科学：每天 25 分钟基础过关；隔天 40 分钟计算题；历史与社会：每天做 1 份选择题；每天 2 题。

"作文呢？英语作文和语文作文，你还是应该重视一下。"我提醒她。

"嗯，这次作文好像只得了 47 分！"她有点苦恼。

"所以，你还是要写好，然后去找老师批改。如果这次作文能得 50

分，我估计你的语文成绩就是第一名了。"我给了她希望。

"嗯。"

"我来安排吧，我根据你的习惯，把这些任务安排在合理的时间段，如果你觉得完成有困难，到时候再调整。"我根据西西的时间和不同学科的特点，把这些任务写进表格。这种方法，她从初一用到初三，已经熟悉了。"计划"，最难的其实不是把要做的事列出来，而是不仅要知道什么时候做什么事，更要懂得如何坚持下去，这才是最重要的。

"我还需要记一些名人名言，上次你帮我找的，胡老师说不太好。"

胡老师说西西的文章中缺乏名言、精美的文字，我直接在网络上找了一些，结果被嫌弃了，这些句子不是太老，就是太生硬、做作。

"那你要什么样的？"

"最好是你讲座中的某些文字，带有哲理性的。"

"有些是我写的，你看得上吗？"我开玩笑道。

她斜了我一眼："帮我找 30 句吧，一天一句，我觉得自己还是能记得住的。"

我花了半小时，找到了大约 50 句，让她自己选。其中，有我自己写的，也有选自名人的，相信她会带着它们去找老师。

我挺喜欢这个阶段的西西，她不再总说自己存在问题，不再总说自己哪里哪里做不好了。她不断地通过不同的方式解决问题，这种思维方式和尝试解决问题的态度，将会引导她变得更好。

这也是一种积极阳光的表现吧。

我被晒黑了

一起去食堂的路上，西西忽然抓住我的手说："你好黑呀！"

她说的是我的手背，比往日黑了一层，和手臂上的皮肤相比是两种颜色，"你的手像是在巧克力酱里泡过一样！"说着，她傻傻地笑了。

"你知道为什么这段时间我变得这么黑了吗？"我故意问她。

"当然知道，你跑步了呀，每天跑一个多小时，当然会晒黑了。"她看到我每天坚持跑 10 千米，也陪我跑过，虽然每次到最后都是她骑车、我跑步。

"可是，值得吗？！"我轻轻地问了她一句。

她若有所思，然后很坚定地回答我："值得呀！"

"为什么？"我穷追不舍，"你应该讲原因呀！"

她笑笑："值得就是值得，哪有那么多的原因！"

其实我知道，她心里肯定这么想："你又来了，又想让我表扬你，我才不上这个当呢。"

但是，我心里想的是："为什么不表扬一下你爸爸呢？你爸爸也是需要被表扬的。"

忽然，我们对视一眼，然后哈哈大笑。我们都知道彼此心里在想什么，也知道彼此要什么。

"来呀，说一下，到底为什么值得呀！"我还在打趣。

她只能白我一眼，然后说："你瘦了！"

我赶紧补上一句："是不是更帅，更有气质了？还有种身轻如燕、会飞的感觉。"

她又补上一句："还有种脸皮厚的感觉！"

这下轮到我送她白眼了。

我换了个话题："那你从我的努力过程中得到什么结论呢？"

"努力一定是有用的！"

"说得真好，这是我以前一直告诉你的，在你成长的每一刻，在你的体育中考中，在你的数学学习中，你也一直用行动证明——努力一定是有用的！"

"不过，我们还是要有明确的认识。第一，努力是有用的，我们会看见努力的效果，所以我们坚定地努力。这样的选择就是对的。我很高兴看到你现在的样子和你坚定的信念，作为你的爸爸，我很骄傲！第二，努力是有用的，但它的效果可能不会马上出现，也许要过一段时间，甚至可能过好久才出现，但它一定会出现。你看我，我努力的成果就是工作后才出现的，直到现在我才看到我所有的努力成就了我最好的样子。第三，努力是有用的，也许它会以另外一种样子来呈现。比如让你成为大家都很喜欢的人，让你更清楚地看见生活的本质，让你学会更好地成就自己，让你成为优秀的父母……总之努力带来的成果肯定是多样的，也肯定会出现。所以，我想和你说的是，坚定你的信念，永远积极阳光地坚持努力，和现在的你一样！"

西西听得很认真，一直在思考。

我搭着她的肩膀，走进食堂，补了一句："和现在一样，坚定地去努力，我很满意，也很骄傲，为我能有这样的女儿！"

她笑了。

食堂设在校外也挺好的，一起走过来，我们可以说说话，讲讲故事，开开玩笑。

一条穿越的线

每次叫醒西西都是一件大事。你以为她要起来了，等你什么都准备好要出门了，发现她竟然还在睡觉。

近一周了，我每天睁开眼睛就发现客厅的灯是亮着的。我努力回想，昨晚关灯了呀，怎么灯又开着了？

起来一看，西西在轻声背英语。

"呀，怎么回事，我家小妞怎么这两天追着太阳起床了？"我本想说太阳从西边出来，又觉得不能打击她。虽然她知道这是玩笑，但作为家长不应该给她消极的影响。她在这个阶段的情绪关系着她能否在中考中有良好表现。

西西选择每天上午提前半小时起床背书，只要闹钟响一声，就马上起床。自律和对中考的重视让她头脑中那根弦绷紧了。根据她往日的表现，我判定她的身体还扛得住，此时思想上的全力以赴也是一种推动力。

从西西的目标来看，我需要给她定条具体的"线"，让她尝试挑战极限，越过标准。这条线和分数无关，和她准备考试的状态有关，和本月积极阳光的主题有关。它应该包括心态、努力方向、睡眠要求、学习的重点、对学习节奏的要求等。

主题：20 天需要穿越的"线"

　　第一条线：心态线。保持积极阳光的心态，有一种永远相信自己的信念，始终记得，自己一定可以实现目标！

　　第二条线：方向线。知道努力的方向，特别是近段时间，应该从基础题入手，抓住要点，不放过每一个基础题的要求，得到所有能得到的分数。具体的操作方式是：规定时间、规定任务、制定标准。

　　第三条线：睡眠线。给自己的睡眠提要求，不过度使用咖啡、茶等提神饮料，尽量按照身体的需求睡眠。每天保证有 7 小时睡眠时间，午间休息 20 分钟，不涸泽而渔，也不压迫自己。人在良好的身体状态下才能有好的发挥。

　　第四条线：关注线。该阶段要注意学习的方法，在学习的过程中重点关注三点：看基础，巩固基础知识；看错题，温习过往的错题；文科要多背，注意答题方式。

　　第五条线：节奏线。重视学习的节奏。每学 55 分钟休息 5 分钟，文理科交错进行，少做拖延时间的事。把时间节省起来，用于休息、睡觉、思考。

　　我将"五条线"做成了一个表格，每天提醒西西打卡。这很简单，并不麻烦，只需要一步一步坚持做下来。

接纳，也是积极的情绪

　　西西很愤怒地阴着脸来到我的办公室。我一看时间，此时正好是自习课后，托管课前。这段时间有 25 分钟，一般用来打扫卫生。她舍不得浪费，每天都在这个时候来我办公室做题、背书。但是今天，她明显心情不好，处在情绪爆发前。

　　说真的，每次她这样，我都不敢惹她。情绪不讲道理，无论用怎样的方式应对，都有可能产生新的问题。所以，耐心观察一会儿，可能情绪的力量自己就小多了。我装作什么都没有感觉到，默不作声地把办公桌让开，让她坐下来写作业。

　　我知道，她撑不过 30 秒就会自己说出来。

　　"他们为什么要说话，为什么要影响别人？为什么我提醒他们了，他们还这样？"果然，她主动发起了话题。她是指自习课上有个别同学不守纪律。

　　"哪有这样的人？小王是这样，小张是这样，小林也是这样。我都提醒了，他们还是这样，我真的被影响到了。"她愤愤不平。

　　"所以呢？"我没做评价。

　　"还有什么所以？这样上自习课，他们都不在乎中考吗？他们好几个人的成绩都下降了，还这样对待考试，难道不会对自己负责吗？"

……

我也不知道说什么好，只能默默地打开电脑中的"历史与社会"作业："你先做一下'历史与社会'的作业吧，这样晚上就轻松多了。"

有事情做了，环境又很安静，西西暂时平静下来。

但是放学后，她又提出："晚上的自习课，你能不能来坐镇，他们就不会吵了！"

"你觉得这是解决问题的最好方式吗？"我问。

"反正也没几天了，你熬一下就可以了！"她的要求有点高。

"可是你到高中后呢？还要我坐在你后面吗？你在高中可是找不到这样的班级了，无论怎样都找不到。你应该学会自己面对这样的情景。"我解释道，"他们闲聊，说明他们内心浮躁，在这个阶段出现浮躁是因为对中考感到恐慌。你有两种方法面对，第一，你管理，用你的善良帮他们改变；第二，你接纳他们的表现，接纳他们的不合理，并且包容结果。你很在意他们吵闹，说明你的心不够冷静，你也有点浮躁呢。"

她静静地听，轻轻地点头。

突然，她问了一个问题："可什么是接纳呢？"她的表现告诉我，她接受了我的意见，开始寻找具体的操作措施。

我对她说："所谓接纳，就是接受别人的表现。如果你想帮助他们，表现出自己的善良，那你就包容他们，然后温和地把问题指出来。如果你觉得自己很忙，可以理解他们的表现，也可以不管。总之，你不能因为他们而让自己变得难受，那就不是接纳了。同时，我们应该知道，接纳和包容是相互联系，相辅相成的。"

"可是，有时候我觉得接纳一种现象或一个人，真的挺委屈的。"她噘着嘴说。

"有一句话说，人的格局就是被委屈撑大的。做一个大格局的人，看破而不说破，看到问题并包容问题的存在。用合适的方式去帮助别人，这才是一个人优秀的表现。我相信你可以做到。"我劝慰她，"而且，你要知道，到了高中之后，你给别人的印象就是你做事的态度。爸爸说过，在初三之前，你可以去试错，无论如何，爸爸都会帮助你。但是到了高中之后，你要独立面对很多事情，那时候你的样子会决定你和别人相处的结果。"

她长长地呼出一口气："懂是懂了，但是我觉得现在的我需要一块蛋糕安慰自己委屈的心灵。"

我哈哈一笑："这个可以有，我来买单！"说着，带着她走向不远处的一个蛋糕店。

孩子就是在不断"试错—反思—改变"中成长的。

西西的中考食谱

西西会挑食，她长大了，爱美了，开始重视身材了。什么不想吃，什么不能吃，什么不可以吃，有很多要求，她妈妈已经招架不住了。

在家里，她们的对话经常是这样的：

"西西，你想吃点什么？"

"不知道，我也不知道吃点什么。"

"吃这个好不好？"

"不好！"

"这个呢？"

"不好！"

"那你到底想吃什么？"

"不知道！"

"你总要说点什么吧，总是说不知道，妈妈怎么准备呀？"

"可是，我也不清楚，我真的不知道自己该吃什么。更关键的是，我也不知道有什么可以吃的。等一会儿我说了，我想吃的你没有做，你做的我不想吃，那我不就白说了吗？"

准备每顿饭，西西的妈妈都很犯愁。

我对吃的没有那么多讲究，可以将就。西西不愿意将就，吃是吃了，抱怨可是不少。在外面吃饭，考虑到卫生、营养等，也不敢让她去太多次。加上中考临近了，她的身体和饮食关系很大，我只能和西西的妈妈商量，是不是想点办法。

西西妈妈两手一摊："你女儿我'伺候'不了，太难了，就是一个来折磨人的。"

我学着她的样子，两手一摊："这是她在你肚子里住了10个月，养成的好习惯吧。"

西西在边上偷笑。

我忽然灵机一动，小姑娘喜欢有仪式感、有格调的事物。如果我给西西做一个中考专用食谱，是不是可以将仪式感、格调融合在一起，满足她的心理呢？再说了，在中考的最后半个月里，饮食的作用不只是填饱肚子，还可以缓解她心理上的焦虑。

但这对我来说是一个很大的挑战。我只能从网络上寻找灵感了。我查了很多个网站，根据西西在家的时间，主要为她制订了早餐和晚餐，还有夜宵的食谱。早餐尽量丰富，以碳水食物为主；午餐在学校吃，教工食堂里有20个以上的菜品足够她选择；晚餐则由她爷爷负责，尽量准备她喜欢吃的菜，一定要有一份营养汤；夜宵以果蔬汁为主，搭配各种水果。

西西看着食谱，笑了，还提出了修改要求。过一会儿，她看着我们说："嗯，这样就可以了。"我们也长出一口气，终于"伺候"好她了。

我笑着说："小朋友，你的要求有点高，幸亏你的父母在乎你呢，因为在乎，我们才那么用心。我们也通过用心的行为，表达了我们的在乎。"

西西听了，默默地点头。

第十一章 | **6月** |

这个月，我们在冲刺

SUN　MON　TUE　WED　THU　FRI　SAT

　　　　　　　　1　②　3　4

⑤　6　⑦　⑧　⑨　10　11

12　13　⑭　15　⑯　⑰　18

19　20　21　22　23　24　25

26　㉗　28　29　30

06

有人在抖腿

"哪有人这样考试的，两小时一直在抖腿！"西西带着哭腔，一进办公室就抱怨起来，话语里满是愤怒。

"两个小时，他一直抖、一直抖，就没有停，还发出那么大的声音，叫我怎么考试，我什么都写不出来！"

今天是三模，早上有数学考试。西西可能是在考试中遇到了不顺心的事情，一看见我就抱怨。说着，她靠在沙发上哭了起来。

我看着她，足足有一分钟没有说话。她眼泪干了，才发现我一直没出声，觉得很奇怪，直到她抬头看着我，我才开口："那么对这个问题，你做了什么？"

"我做了什么？我能做什么？我什么也不能做，一直被影响！"她还是有点烦。

"你当然可以做点什么呀，你可以提醒他，可以告诉老师，也可以不理他！"我提出建议。

"要是老师说是我的问题，那我怎么办？"她质疑道。

"老师说了吗？说是你的问题了吗？"我追问。

她摇摇头："那倒没有。"

"所以，你不能假设你会遇到这样的问题呀，你应该尝试去解决！"

"当时我怎么解决？在考试呀！"她又把问题绕回来了。

见她情绪还是比较激动，我就换了话题："和我去吃饭吧，咱们一边走一边聊。"我拉着她出了办公室。

到了楼下洗手池，我特别交代："洗手的时候多洗一会儿，让水流冲一下你的手，很舒服的。"

她不明所以，还是照着做了。关上水龙头的时候，她的情绪已经稳定多了。

我们一边走，一边聊着："就算上午这件事是一个问题，解决问题的方法有多少种？"

"嗯……"她迟疑了一下，不想说。

我知道，她不是不知道，只是觉得自己也没什么好说的。每当她觉得问题出在自己身上时，就不好意思说太多了。

"没事，说说看，反正就当我们俩聊天吧。"

"应该有很多吧，我可以自己解决，可以找老师解决，还可以通过其他方式……"她还是没有直接说，只是模糊地给了个说法。

"对啊，方法一定比问题多，为什么情绪上来了，在焦虑时不思考解决的方法呢？"我说。我没有特别严肃，过于严肃会让她过度反思，下午还有考试呢。

"还有，我更担心的是……"我说了一半，停了。

她转头看着我，我就想看到她这样的状态。

我接着说："将来你到了高中，到了大学，会遇到无数问题。人就是在问题中慢慢长大的。到那时你怎么办？对着我闹情绪，还是把自己憋得很难受？"

"你看，今天上午明明是别人出了问题，但因为你处理的方法不合理，结果是犯错的人没有任何感觉，没有错的人难过起来了。这是什么情况？"我的反问让她笑了，这是一种尴尬的笑。

"更可怕的是，下午考试时你还要面对这件事，如果不会面对，不想处理，问题就一直都在，一直无法解决。那你今天的情绪不就白闹了吗？"

"那我……"她刚条件反射地想要说点什么，忽然发现自己知道该怎么解决问题了，就把话咽回去了。

换个角度思考后，问题变得简单多了，她的心情也调整回来，午饭吃得顺心多了。

下午考试结束后，我问她："那个人还抖腿吗？你的状态如何？"

她笑着说："好多了。"

也不知道是那个人真的"好多了"，还是她的心态"好多了"。反正，只要好多了，就行了。

为什么会有疲惫感

西西一直在学习，舍不得站起来走走，她在学校也是这样。学校午间有 20 分钟是安排学生睡觉的时间，但西西会用这段时间做题，她恨不得把一分钟掰成两半用。我劝了她好多次，她却听不进去，理由总是有作业要赶，老师在等她交；想准备一下要问的问题；想趁午休多写点作业，晚上早点休息。

因为身边还有很多人在休息，我只能稍微劝西西休息一下。但是西西比我想得固执得多，一直持续给自己加压，因此积累的问题逐渐表现出来。

"这段时间你是不是感到非常疲惫？"饭后，我拉着西西靠在沙发上闲聊。

"嗯，是呀，总是很想睡觉，觉得没有精力。"西西也很无奈。

"人疲惫的时候就是这样，你是不是觉得心里有点慌，马上就中考了，自己的状态还是这样？"

"嗯。"她点点头。

"想解决问题，首先要知道自己的问题出在哪里，为什么会这样。也就是我们说的要分析问题发生的原因，所以你现在应该和我一起分析一下问题出在哪，然后再一起想想解决问题的办法。"

西西点点头，默认了我的建议。

"人为什么会有疲惫感？"我自问自答，"人感觉疲惫无非三种原因，第一，长期坚持做一件事，身体有点吃不消了。坚持很难，到了最后需要用意志、情绪、积极的内心让自己撑下去，如果动力不足就会有很强的疲惫感；第二，日程安排没有重点。比如，你在复习的时候，复习每门学科的事情都一样，周而复始，这样的重复就会让你有疲惫感；第三，短时间内没有看到成果，也会让人产生疲惫感。总经受挫折，看不到效果，人会很难受，这种难受也会是形成疲惫感。"

"那怎么办？"西西似乎听进去了，也明白了自己的问题在哪儿。

"出现这种状态很正常，不必紧张，人人都会遇到类似的事。所以接纳这种状态，才是我们最应该做的。你只有学会接纳它，才能改变它。"

西西听完，长长地吸气，呼气，吸气，呼气。她在努力让自己接纳。

"接下来讲讲方法吧，合理的方法能唤醒自己的动力。

"第一，你应该调整自己的学习策略，做到有重点、有偏向、有交错。在这个阶段，最重要的是巩固基础，而不是做难题。掌握好基础知识，没有遗漏，就可以了。记住，对基础知识的掌握要完美。有偏向，是指根据你自己的特点，哪部分的知识掌握得比较薄弱，就看哪部分，不要什么都看、什么都抓。有交错，就是文理科的复习要有策略，不能一直沉浸在某个学科上，让自己轻松一点，效果就会好一点。

"第二，要确定目标，只有不断朝着目标前进，才能减轻疲惫感。记住，疲惫感不会消失，但你可以忘记它。这种时候对任何人的考验都一样难，就看谁能更好地撑过去。我们常说人是不是优秀，就要看他如何面对困难。

"第三，要经常看看自己的优势。每个人都会犯错，不要总关注自己的弱势，而要多看看自己的可能性和优秀之处，有时候从量变到质变只是时间问题。"

我慢慢地说，她认真地听。虽然不知道结果，但她的神色轻松多了。

"做好三件事吧：多练练基础题；不懂就去问；整理下易混的知识点。这样就可以了。努力，然后期待结果。"

争吵或者焦虑

我知道,焦虑是可以控制的,但是,焦虑也可能被"引爆"。从我目前的状态来看,焦虑就像一座火山,随时可能爆发。至于爆发的场面是大是小,就要看火山的规模了。

距离中考只有 8 天了,西西的状态还可以,几位学科老师都觉得她心态很好。倒是我,由于多次和老师们商量,老师们看出了我的焦虑,一个个笑着打趣:"连你都焦虑,别人要怎么办呀?"

虽然我一直嘴硬:"我哪里来的焦虑呀,我心态很好,我能接受任何结果。就算接下来的中考她考砸了,我仍然会为她三年的努力和获得的成长而感到骄傲!"

但是,老师们经常和我开玩笑:"你说的我都同意,但是该有的焦虑,你一点也不少!"

我竟然无法反驳。

可能是完美主义使然,也可能是我平时就重视细节对人的影响。我希望西西的初中三年能完美度过,从品德到学业,都有完美的结果。最后一关就在眼前了。现在,西西整体的能力水平和自身状态都挺好,这是她付出了三年的努力换来的。但她是不是能在中考时正常发挥,我心里也没底。她的每一次考试，都在考验我的心理承受力。

也许，正因如此，我才不自觉地有了一些焦虑。

今天是周二，上午的最后两节课又是数学。我知道数学老师的习惯，这两节课会考试、会拖堂，有时候甚至会影响孩子们吃饭。

11:45 下课，我等到 12 点，实在忍不住了，给数学老师打了电话。她偷笑，知道是怎么回事。

我笑着说："你也要吃饭的，赶紧让孩子们交卷吧。"

她答应了，又回了我一句："孩子们自己不交卷，我也没有办法呀！"

"我的天，数学是孩子们永远不想先交卷的科目呀，你卷子上的第 24 题，简直就是折磨人的题目，只要不被催着交卷，谁不想多做一会儿把它做出来呢？"

12:10，西西还没有下楼。我饿得不行了，带着火气冲进了教室。冲着还在埋头苦写的她喊着："西西，几点了？你为什么还不交卷？我在楼下一直等你，你应该考虑一下你的计划啊！快交卷！"

她转头白了我一眼，很不情愿地交了卷。

她跟着我走出教室，我还是很生气："哪有这样的事，我都等你半小时了，你中午要不要休息，下午要不要上课，要不要执行自己的规划？"

"数学不是要考 2 小时吗？时间还没到，我的题目还没做完，我怎么交卷？"她也很生气。

"那你也要看一下时间啊，你看看现在食堂什么吃的都没有了，再说我在等你，你又不是不知道，怎么可以这么拖拉？"

"我又没拖拉，我一直在做题，做不完我有什么办法？现在都还没到收卷时间呢！"

我知道，争吵是没有结果的，无所谓对错，无所谓是非。

就这样，我们一路走着。跟在我身后的她，忽然快步靠近我，伸出手在我的腰间用力拧了一把。

我的天，好疼！

我转身，十分生气："你想干吗？难道这是我的错吗？"

"哼！就是你！又闹脾气！"她教训了我。

一路上来来往往的都是同事和学生，我真不好大声说什么，硬生生地忍住了。

同事们和我打招呼，我只能微笑回应，渐渐地，火气也消了。我忽然发现是我焦虑了。

也许，我要换个角度思考问题，这几天要是发生什么事影响到她，那真是得不偿失。

吃饭的时候，我主动和她聊起了班级安排的话题，我的焦虑也因此减弱了。

用"三步走"对付"万一"

西西这段时间的学习状态还可以，但她复习得越充分，就越喜欢抠细节，还会衍生出一些新的想法，好几次都让我感到莫名其妙。其实考试考查的都是基础知识中的核心知识，出题老师不会动不动就出一些怪题，但是西西却走进了这个误区。而她之所以出现这种问题，除了爱抠细节外，还在于她对知识点过于执着，不会灵活运用。

距离中考还有一周，我和西西又一次为她的一次答题失误发生争论，这次争论对我的打击很大，但对她的影响更大，影响了她的心理。

于是，我换了个角度对她说："你不用想那么多，要相信自己的判断。你在做题时是不是经常想，'万一是这样，那该怎么办？'"

她被我说中了，看着我，点点头，轻轻地"嗯"了一声。

"你不用着急的，你看，做了这么多题目后，你有没有发现自己想多了的，过于抠细节的都会被扣分，而直接按照材料、结论分析的，都做得很好？你担心什么呢？"我指着她做的其他题目说。

"可是，有时候我就会想到那些细节问题呀。"她还是有点糊涂。

"你是在装糊涂。"我笑着说，"你总会不自觉地地想那些细枝末节。在想那些细节的时候，你就会有'可能是这样'的想法吧？"

她瞪大了眼睛："你怎么知道的？"

"我做了几十年的题，会不知道？"我得意地炫耀，"来吧，告诉你一个绝招，三步就搞定这样的问题，你再考试就不会想多了。"

她快速拿出了纸来记录。

"第一，判断相关知识点。遇见自己不那么清楚的题，先看其中有多少知识点，一般这种题目的分值不会超过4分，写4~5个关键词就好了，写完再划去2个，保留2~3个。第二，联系题目给出的材料和知识点，答题时比要求的多写一个点。第三，按照平时要求的规范答题。这三个步骤能解决你'万一'的问题，达到'万无一失'的目标，记住了吗？从明天开始，每天找一个题目试试看吧。"

"嗯！"她答应得很干脆。

"别只是答应了，要去做！你要相信我，更要相信你自己！稍加训练，在你原有的基础上加一把力，就能解决问题了！"

"好！"她这次的回答和刚刚的"嗯"不同了。

人在不同的阶段一定会遇到不同的问题，谁也逃不过，谁也避不开。而问题会影响人的情绪，进而影响行动。**帮助孩子解决问题，不能依靠鸡汤式的安慰，更不能刻意"压制"情绪，而是要给予直接、合理的帮助，这才是解决问题的关键。**

帮助西西的过程是快乐的，也十分"费脑子"。

你真的挺厉害的

"给我时间，我都能做对！"西西很认真地对我说。

我眼前一亮，她今天这么自信。我赶紧追问："真的吗？"

"当然，只要时间足够，我觉得这些题目我都能做对！"她的再次强调，让我也充满了信心。

我反问："但是考试会规定时间呀？"

"所以我经常在考试时出错。"她回应我。

开始，我以为她在找借口，但从她的神态看，她并不像在给自己找理由，而是有点遗憾。她经常在考试中出现小问题，想做得更好，又经常做不好。过高的要求造成了她的慌乱，导致她失误连连。

"其实，你应该相信自己，一直以来，你真的挺厉害的。但是，你考试的策略还有点问题，如果你能把会做的题目都做对，剩下的那一两道做错也无所谓呀！"我又说起这个老生常谈的问题。

"我不是觉得我都会做吗，我就想都做完。还有，我觉得在会做的题上丢分太可惜了。"她解释。

"平时做题我们考察能力，重大考试时我们就应该看重分数了。看分数，需要考虑性价比，就是哪些题目能让你得分效率最高。"

"可是，那样的话，我就把会做的题目给丢了呀！"

"但是，按我说的去做，你会把分数提高呀！你说，是做完了试卷重要，还是考高分重要呢？比如数学，你完整地、冷静地、慢慢地去做，可能就会考 140 分，但是你慌乱地去做的时候，你有几次能考到这个分数呢？"

她低头思考。

"而且你现在的状态越来越好，你还担心什么呢？我已经和你说过，中考的时候你的情绪、心理和身体的状态都会是最好的。那么，考试时你把前面的做好了，做后面的题时才能发挥得更好。"

"谁说我到那时状态会最好？！"她觉得我在哄她，有点赌气。

"嘿，我又不是瞎说，你看，今天端木老师给我发来的信息。"我打开了手机："孩子今天状态很好，和孩子约好，周日晚上最后再'战斗'一次。"

我指着信息说："端木老师可是不轻易表扬人的，但是对你的状态多次表扬，其实就是看到了你的进步。"

"你看，今天我们看到了对你的三个不同层次的表扬。第一，你自己觉得自己能很好地解决基本的问题；第二，端木老师对你赞不绝口，认为你很不错；第三，你的身心也正处在最好的状态。这些，都印证了我一直和你说的，越临近中考，你的状态就越好！那么，你能力有了，状态可以了，接下来如果策略合理，就完美了，你说呢？"

西西再一次陷入深思，我没有打扰她。她能想通，我不需要反复解释。她只要接受了我的建议，就一定能做到。

世界上最难的事情有两件，一是把别人口袋里的钱装到自己口袋里，二是把自己头脑里的想法装到别人头脑里。我应该从不同的角度，用不同的说法，让西西懂得并认同我的观点。如果她主动接受，并开始尝试，效果就来了。

冲刺的第一要素是韧性

西西六点半起床，洗漱后，就坐在书桌前开始学习。她嘴里念念有词，手里笔不停歇。这几个上午，我都是在西西的嗡嗡声中醒来的。虽然每天打着哈欠，睡眼惺忪地起来，但我内心是愉悦的，脸上带着微笑。

七点吃早饭，西西的胃口不好，我每天都得催促她多吃一点。不仅仅是为储存体力，更是为了养成好习惯。可是西西对早餐总是浅尝辄止，让我和她妈妈焦虑不已。

七点半后，西西开始自学。如果不催她起身活动一下，她可以一个上午都不起身，一直学下去。直到教会她把握学习节奏、调整学习策略之后，她才有所变化。

很多人评价西西是"韧"，学习上的"韧"是打不倒。她的状态让很多老师赞赏不已。但是，学习上的"韧"不仅仅是坚持、持续、不放弃，它还有更高的要求。每一种品质都是分层次的，低层次的是情感要求，中层次的是方法策略，高层次的是价值追求。

我对西西的要求还是低层次的。我想在这个阶段让西西懂得什么是真正的"韧性"，懂得"韧性"的作用。

我对西西说："你是我见过的在学习上最有'韧性'的孩子，我在你身上看到了非常好的品质。但是，由于你对'韧性'的认知还停留在较低的层次，我想和你说说'韧性'的中级标准，你只要听着就好，稍微改变一下自己的行为。

"我们可以从三个关键词来看韧性，一是冷静，二是策略，三是性价比。首先是冷静，它告诉我们在坚持学习时，要冷静地面对一切，不要打乱自己的心思，不要拨动自己的情绪。你看那天高考送考时，张桂梅老师一直用喇叭喊，'不要和家长打招呼'，为什么呀？就是希望每个学生都能冷静地面对考试，不要被忽然看到家长而影响。这时候需要绝对冷静的心态，让自己考试时能清晰地认识问题、分析问题，解决问题。

"其次是策略，我们在复习、做题、考试的时候，要有明确的策略。能不能拿分，能不能做得更好，做不好怎么办，都需要在较短的时间内做出判断，根据自己的特点来处理。既不能随波逐流，又不能自以为是，而是要懂得立足于自己的学习情况，选择相对合理的方法解决难题。

"最后是性价比，就是每个阶段有每个阶段的重点，你要知道抓重点，重点抓住了，问题就解决一半了。复习是查漏补缺，做题是提高解题速度、锻炼解题能力，考试是争取考出高分。达成这些目的，我们的努力才有性价比，也利于我们成长。不要总是怀疑自己，不要总想抓住所有，我们不可能什么都得到，尽力就好！"

说完，我便保持沉默了，不能做过度的解释说明，点到为止，具体的还需要西西自己去领悟。

今天中考

今天是中考的第一天。我一直以为自己会很淡定，但当面临女儿中考时，我还是焦虑了。

昨晚，我一直睡不好。

西西在晚上 10 点半被我催着去睡觉，洗漱完毕她又反过来催我："来陪我聊一下。"

我没陪她聊什么，只是躺在她边上。她抱着我的手臂，说着自己的状态。

我故作轻松："很正常呀，你看你现在的状态多好，我觉得这已经是我们的最佳状态了。"

她很满意，抱着我的手臂闭上眼睛。我把呼吸都调整到不出长气的状态，希望她能休息得更好一点。说真的，我很怕睡到半夜，她忽然敲我们的房门，然后冲着我们喊："我睡不着，我紧张了，怎么办？"

我也很想对她说："我紧张了，怎么办？"

我一直控制着自己，让自己看起来很正常，表现得很随意，能不说话就不说话，总算没被她发现什么异样。

她躺下后，一直抱着我的手臂。我在黑暗中睁着眼睛，不知道自己在想什么，我数她的呼吸，幸好，很平稳，没有特别长和沉重的呼吸，说明她没有紧张，也没有感觉疲惫。10 分钟后，我尝试着把手臂从她手里抽回来，又躺在她边上用手机软件看了一会儿书。她没有反应，微暗的亮度对她应该没有影响。40 分钟后，我故意轻轻碰了碰她的肩膀，确定她已经进入了梦乡。

回到自己的床上，我长时间不能入睡。我不知道她会不会忽然醒来，也不知道接下来两天的中考到底会是什么样的结果。就这样翻来覆去，1点多才迷糊地睡了。

早上起来，我的状态并不好，但西西的状态很好。7 点了，我没有叫她，她睡得很香，我稍微放心了。

一阵忙乱之后，我带着她骑车去考场。

一路上，我们没说考试的事情，我和她开玩笑。她也没想太多，一直和我嘻嘻哈哈的。我挺喜欢她这样的状态，事情已经摆在眼前，无论结果如何都要坦然面对。

随着距离她进入考场的时间越来越近，我又莫名紧张起来。她在我身边看书，我给孩子们记考勤，从状态看，她比我淡定多了。

进场铃声响起，她看了看我。我张开双臂，她和我紧紧地拥抱了一下。我没有和她说"加油"，只是很明确地说了一句"冷静"。这时候，冷静远远大于兴奋地加油。

看着西西高挑的背影，我忽然觉得她已经长大了，接下来，她应该会飞了。

……

从进考场到出考场，需要两个多小时。我在写作、聊天、看手机、听音乐，但是没有一件事可以持续做 15 分钟以上。同事笑称："今天，总算看到你成了一个普通人。"

我笑："我从来都很普通，而且很不自信。"大家哈哈哈地笑，我的情绪也缓和了许多。

我站在考场外等西西出来，我想看看她的表情。

语文考试结束。她微笑着跑过来，欣喜地说："今天的作文我用了前两天你给我的那个资料。"然后就说其他的了。

"看来，我还是有点用的。"我笑着说，"来吧，赶紧回家，吃饭、睡觉，准备下午的考试。"

下午，科学课考完，第一个冲出考场的学生大喊："老师，完蛋了，太难了！"看着孩子难过的样子和班主任的安慰，我脸色都变了。我是不大在意，可是西西在意呀。我担心她考不好这一科，会和自己斗争，影响后面考试时的发挥。我紧紧地盯着眼前的人群，想看到西西，可越想看到，越看不到。

突然有人从背后拉我的衣服，我很烦躁，没有搭理。结果对方直接挽上了我的手臂，我一惊，转头，竟然是西西。

"我早就站在你背后了，你竟然没有发现我。"她撒娇的语气让我顿时安定了许多。

"他们出来后，都说好难，你觉得如何？"

"还行吧。"她说，"有道题卡了好久，终于在最后搞定了！"

"那你做完了吗？"

"当然呀！"

"那就卡呗，有什么关系！"

"就是最后检查的时间不多了，估计就 5 分钟！"

"反正你也没有什么可以检查的，没关系，5 分钟和半小时是一样的。"

"嗯嗯，我补了几个空，其他都挺好的！"

"那就说明美好的第一天已经结束了，回家吧！"

她就这样挽着我，一路往回走。

中考第二天

昨晚，西西 8 点多就想睡觉了，确切地说，是 8 点零 4 分，她打着哈欠对我说："真想睡觉呀！"

我笑着看着她："起来吧，去你妈妈那边玩一下，不要让她那么轻松地追剧啊！"

我们一学习，西西的妈妈就被"发配"到卧室追剧了。

过了一会儿，我听见西西在卧室里和妈妈聊天。

几分钟后，西西精神抖擞地出来说："真奇怪，我每天都那么想睡觉，怎么还有人说自己紧张得睡不着啊。"

然后又自言自语，"精神好点了，再努力一下吧。"说着，又坐下来打开课本。

我不敢让她太早睡，还是熬到平时睡觉的时间，但考虑到今天的考试令她很疲惫，就又把睡觉时间提前了半小时。10 点 20 分，我说："来吧，洗漱一下，休息吧，爸爸陪你聊两句。"

和昨天"一样的配方，一样的味道"。

我是看着时间叫她起床的，她睡得很香，这样强大的心理素质是她未来的有力助手。

她数学学得不错，但总在考试中失误。今天上午考数学，我非常紧张。

煎熬的两小时过去了，她从考场里出来时脸色复杂。身边很多孩子在喊："今年的数学太简单了，简直就是简单得不得了。"

她很严肃，我心里咯噔一下："怎么了？"

"哎，就是第24题的最后一小题写了40分钟都没搞定。"她有点不开心。她的意思我懂，她花了很多时间，还是解决不了问题。

"你竟然有那么多时间花在最后一道题上呀，那说明这次你做得很好呀！"

"可是题目很简单，而这样的题目我还是没有解出来，实在是可惜呀。"

"没关系啊，分数是有顶点的，你不需要考到150分的满分呀，你的数学能有140多分就可以了。你是不是觉得自己写出来的都是对的？那就可以了。"

"做出来的题应该都对吧，可能还有细节问题。"

"那140分稳了，比你每次模拟考试时发挥得都好，没关系，我很满意。"

在我的疏导下，她平静下来。

"下午要考的科目是你的强项，英语和"历史与社会"，你要准备好体力，赶紧回家吧。"

英语考试又异常简单，简单到我都没有办法理解。

"历史与社会"的考试有点难，难在问题的设置上。

西西对考试耿耿于怀。

"算了，没事，都结束了。现在不是应该彻底放松一下吗？你看，熬了三年了，初中结束了！"说完，我用力抱了抱她，"恭喜你，高中生！"

不管如何，考完了。

走出考场时，西西的妈妈抱着一束鲜花等西西，西西看着妈妈怀里的鲜花，惊讶地张大了嘴巴。

"恭喜你，西西，成功度过中考！"

等待成绩与面对成绩

从中考结束到现在，10 天了，似乎每天都在"忧伤"中度过。西西的估分并不妙，虽然基本上是正常发挥，但科学学科考试的失误和其他学科过于简单，让考试的结果扑朔迷离。

昨天公布成绩，西西很平静，而我却很担忧。我竟然不敢看西西了，更不敢在西西面前说什么。说真的，我不知道西西是装着不难过，还是学会了理性分析。

我不太在乎考试的结果，因为我始终觉得它不能代替一个人的成长。它只是出现在一个关键的节点而被重视。我对西西说："我真的不在乎考试的结果，你已经做得很好了。它只是告诉我们，我们有些东西可能准备得不够充分，让我们在高中有更好的发挥。"

西西考得不算差，只是没有发挥出自己的最高水平而已。过度简单的试卷，让她的优势基本丧失。听着各种解释和说明，我觉得都不重要。关键是西西是否对此有足够的认知。从目前的状态来看，她比我的心理状态好。

昨晚，西西催着我们找出全套高中课本，并且在深夜 11 点多拽着我们打开淘宝买高中学习资料，做了一份足够"逼死人"的计划。

我看着她的计划，对她说："女儿，你要疯呀！"

她笑着说，"我得试试看！"

她完全没有停止学习的样子，说真的，我知道她肯定做得到。她的坚持让我都佩服，但是一味学习，生活的意义和价值是什么呢？我们所有的努力，是为了更好地生活，而不是做更多的题，考更好的学校。大多数人的生活状态，其实是差不多的，幸福与否取决于我们感悟幸福的能力，这就是我们当前努力的方向。

我知道她对自己不满意。她对自己的苛求，让我们十分心疼，我不希望她不开心。

"记住了，你始终是我心里最好的，不要这样苛求自己。"我很严肃地说，"记得那次我们的对话吗，你问我'如果考差了怎么办？'我很认真地回答你，'考差了，你还是我女儿呀！'，想起来了吗？"

她默默地点头。

"这才是最重要的呀！"听到这里，她抬起头看着我，带着微笑。

"我来修改一下计划吧。"说着，我做起计划，"每天一定要有1～2小时陪爸爸妈妈闲聊、做运动。不能绷得太紧，要记住，我们努力，是为了更好地生活。"

说着，我开始修改她的计划，她拿起高中数学课本开始预习。

我给正在上班的西西妈妈发了一条微信："她一上午都在认真学习，很努力，很认真，真的很棒，有这样的女儿，真是咱们俩的幸福！"

西西妈妈言简意赅地回了一个"嗯"字，不知道是否在单位里就已经感受到我的白眼。

后来，她又加了一句："昨晚西西说梦话了……具体我也记不住。"

西西还是有压力的，确实……

可是，没关系，还有我们。我像是对西西说，也是对我们俩说。

后记｜总结兼回答一些家长的疑问

我完整地陪伴了西西一年。

虽然这一年和以往没什么区别，但是每一天我都会做记录、做反思，这一年我过得格外用心。

随着毕业典礼的结束，初三这一年也算真正完结了，西西将开启一个新的征程。也许高中很艰难，但我相信我们在初三这一年种下的种子，会在未来发芽、开花、结果。

如果说，亲子陪伴是孩子成长的关键动力，那么尊重孩子、赏识孩子的教育方式就是陪伴的核心。通过这份总结，我可以看见这一年的重点。

● 陪伴是一种告白

有的家长总说孩子不听话，和自己对着干，却从来没有想过为什么，更没有想过自己是不是孩子"对着干"的原因。

我反问过一位家长："为什么你潜意识里总觉得孩子就应该听话呢？为什么作为一个成长中的人，孩子要完全接受你的想法？为什么你什么都不做，却要孩子听你的？"

家长很意外："可是，我是她的妈妈呀！"她反驳道。

"当我们觉得让孩子听话理所当然，而且不需要付出什么的时候，我们距离孩子就越来越远了。"

她愕然。

"陪伴真的是一种告白，就是告诉孩子，因为我爱你，所以我陪伴你。正是在这样的过程中，才能让人体会到你的用心，孩子也才会将心比心，以心换心。只有用行动表现出内心的言语，才能'说服'孩子，这才是关键。"

想要孩子成为什么样的人，你就要用合理的方式教会他成为那样的人。我陪伴西西的过程中也有风雨，但不妨碍我们见到彩虹。

● **信任是需要时间去培养的**

人与人交往，让对方接受建议的前提是他信任你。

无论是师生，还是亲子，都是因为信任，才对彼此有要求。

有位家长说："孩子回家什么话都不说！就是不告诉我他发生了什么！""孩子一回家就把自己关起来，让他陪我们出去走走，他也不肯！"

我说："为什么你不觉得这是缺乏信任的表现呢？正是亲子双方缺乏信任，才导致了各种问题！你应该把重心放在建立信任上，而不是埋怨。"

"可是我做了很多呀，我也努力了，还是得不到孩子的信任。"家长一脸茫然。

"你是不是经常发脾气，经常数落和埋怨孩子，经常觉得孩子让你很生气？"

"难道我不能有自己的情绪，不能发脾气，对自己的孩子也只能小心翼翼吗？"

"可是，信任是需要时间才能培养出来的呀！"

她愣住了。

"对家长来说，信任是主观意志的反映，但对孩子来说，信任是客观现实的证明呀。你们的思维方式不同，你要学着理解未成年人的思维，怎么能你说什么就是什么呢？"

我的分析让她陷入了思考。

确实，信任需要用时间、行动、真诚合成，三者缺一不可。

● 亲子关系是因为你"亲"，才有"亲子"的"双向奔赴"

亲子关系好或不好，从来不是天生的，也和你的孩子是男孩还是女孩无关。它建立在"亲"之上，你"亲"孩子，亲子关系就好，你"不亲"，亲子关系肯定疏远。

很多人认为因为是"亲子"，所以亲子关系就应该好，却忽视了孩子是一个成长中的人，在人格上需要被平等对待。推动亲子关系和谐的真正前提是你和孩子的"双向奔赴"。

爸爸妈妈对孩子的用心陪伴和孩子反馈给爸爸妈妈的依赖和信任，最终生成了温暖的亲子关系。喜欢埋怨孩子的父母，会养出心理不平衡的孩子；嫌弃孩子的父母，则会养出性格孤僻的孩子；而情绪激烈的父母，会养出暴躁、缺乏安全感的孩子。

你给予孩子什么，就会从孩子那里收获什么。良好的亲子关系建立在双向奔赴的基础上，相互帮助，彼此成就。

● 养成良好的习惯需要一个过程

家长们总是说："孩子怎么那么不自觉呢？"

这里包含了两个问题，一是孩子自觉性不够，二是孩子未能养成自觉的习惯，这让家长们极为难受。难受的家长不在少数，却没有人反思作为家长自己是否做到了自觉，也没有人反思自己为孩子习惯的养成做了什么，只一味觉得孩子应该有好习惯，应该自觉。而习惯的养成是需要一个过程的。

养成习惯需要经历"训练—调整—完善"的过程，即训练习惯行为，调整不合理的行为方式，完善相应的结果。在这一过程中，人的认识会不断加深，也会逐渐养成一种习惯。

一个孩子之所以能够回到家先学习；能规划自己的学习时间；能遇见不懂的就主动提问；能在做完练习后整理错题本……不是因为你曾告诉他这样做有用，必须这样做，而是这种学习习惯极大地提升了他的学习成绩，让他感受到了这种学习习惯的效果。这个过程就是习惯养成的过程。

● 幸福是看着孩子长大，然后目送她远行

什么是家长的幸福？孩子考试考得很好？孩子获得很多荣誉，成为家长炫耀的资本？

每一位家长都有自己对幸福的解读和理解。人的生长环境、家庭环境、人生经历各不相同，对幸福的要求也不相同。但是，家长们的目的是一样的，都希望自己的孩子变得更好，能有更美好的人生。

所以，我一直认为，家长的幸福，是看着孩子长大，然后目送他们远行。待到某日他们归来之时，依旧还是那个曾经的最好的孩子。

和西西一起度过初三，让我感慨很多，在这个过程中，有焦虑也有平静，有开心也有难过，各种情绪纷繁复杂，但我们两个人都在成长。

　　昨晚，我指着自己问西西："平心而论，说说这是一个怎样的爸爸吧？"

　　西西很认真地说："我觉得你是一个特别特别好的爸爸！"

　　此生足矣。